浙江省博物馆　编

東方博物

第四十九辑

ZHEJIANG UNIVERSITY PRESS
浙江大学出版社

東方博物

第四十九辑

MAIN CONTENTS

Abstract: Zhengzhou Institute of Archaeology and Cultural Heritage conducted an archaeological survey on the east bank of Fengzhuang Reservoir at Xinzheng County in 2012. Tens of tombs of different scales were uncovered. Nineteen large and middle scale tombs were excavated. The one recorded as 12HZXTM1414 is the highest ranked tomb in the southwest part of the grave area. The important bronze objects in it were all stolen. However, the remnants of bronze tripod, plate, bell, and qing indicate that the tomb could belong to a senior official (titled as *Da Fu*) or scholar (titled as *Shi*). The potteries are significant for relative dating of the grave area.

Keywords: family grave; bronze objects; pottery; early period of Warring States; Xinzheng

Abstract:A cache of more than 40 silver objects of Song Dynasty were recovered from Youlanting Village, Liuqing Town, Yiwu in 1986. They comprise decoration pieces, wine bottle, handled vase and so on. They embody elaborate decorations and present highly sophisticated craft techniques. Particularly, the designs of historical and fictional stories carved on seven silver decoration pieces are rarely seen in China. The inscriptions of the vessels indicate that the cache could belong to the Chen family who resided in Youlanting Village in Song Dynasty.

Keywords:silver objects; cache; Song Dynasty; Yiwu

Abstract: There are 16 bronze dagger-axes of Shang Dynasty to Warring State period recovered from Changxing. They can be divided into three types: straight-tang-without-base, straight-tang-with-base, and triangular-bladed. There are 18 bronze arrows divided into four types: double-winged, triple-winged, triple-edged, conical and tanged. The multiple styles show their complicated cultural sources. Some are comparable with the counterparts from the Central Plain while others embody typical style of Wu-Yue and Chu cultures. A few of them are rarely found in other areas. These materials are important for studying the development of weapons in Wu-Yue area in pre-Qin period.

Keywords: bronze dagger-axe; bronze arrow; pre-Qin; Changxing

CULTURAL RELICS OF THE EAST

49

新郑铁岭墓地M1414发掘简报

郑州市文物考古研究院（河南郑州 450052）
河南省文物管理局南水北调办公室（河南郑州 450004）

【摘要】2012年，郑州市文物考古研究院对新郑市冯庄水库东岸进行了文物钻探，发现大中小型墓葬数十座。在发掘的19座大中型墓葬中，12HZXTM1414是铁岭墓地西北缘一处墓地中级别最高的墓葬。该墓重要铜器被盗一空，从残留的青铜鼎、盘、编钟、编磬等可知为大夫或士一级墓，其所出的陶器对铁岭墓地陶器分期具有重要意义。

【关键词】家族墓地　青铜器　陶器　战国早期　新郑

2012年4月，新郑市水利局在冯庄村西对冯庄水库进行整治，郑州市文物考古研究院趁此机会对水库东岸进行了文物钻探，发现大中小型墓葬数十座。钻探得知，这处墓地与铁岭墓地并不相连，两者间距百余米，有可能是一处新墓地，也有可能是铁岭墓地的后续墓地。为了解此处墓地的性质，我们对它的大中型墓葬进行了发掘，共计19座，均严重被盗，其中12HZXTM1414（以下简称M1414）保留有青铜乐器及大量陶器，较为重要，简报如下（图一）。

一　墓葬形制

M1414位于这处墓地的东南角，其北为穿越水库坝顶的乡间公路，公路下压的墓葬未能发掘。公路南的地块在20世纪70年代平整土地时下挖2米，故M1414的原始深度应在现有深度的基础上加上1.6米左右。M1414为长方形竖穴土坑墓，方向10°，墓口南北长5.8米、东西宽4.6米，墓底南北长5.1米、东西宽4.1米，存深5米。墓室四壁修整光滑，东北角存13个方形脚窝。脚窝宽0.15米、高0.12米、进深0.12米、间距0.6米。墓室先后6次被盗，盗洞均位于椁板附近，其中北部两个，东、西部各有一个，南部两个。椁长3.95米、宽3.2米，存高0.8米。棺被盗洞完全扰乱，了无痕迹。墓室内一片狼藉，器物摆放已经无规律可循。北部两个盗洞附近主要为陶鼎的碎片，西盗洞内多出小件玉器，南部西边的盗洞有甗、盏、簠的残片，东南角盗洞有玉条、马镳和铜铃，墓室中部还散见陶壶、陶盏、陶碗、陶豆、铜戈、玉器、骨贝、海贝等。西椁板因被二层台挤压坐于地，附近的车马器、编磬大部未被扰动。墓室内出土数颗牙齿，性别不明，年龄约20岁（图二）。

二　出土器物

出土器物质地有铜、玉、骨、陶等，现依次叙述。

（一）青铜器

青铜器有礼器、乐器、兵器、车马器等46件（套）。

1. 礼器　礼器被盗，仅余一铜鼎口沿残片及一铜盘的猴头铺首。铜鼎，子母口，口沿下饰夔龙纹。胎厚0.1厘米。

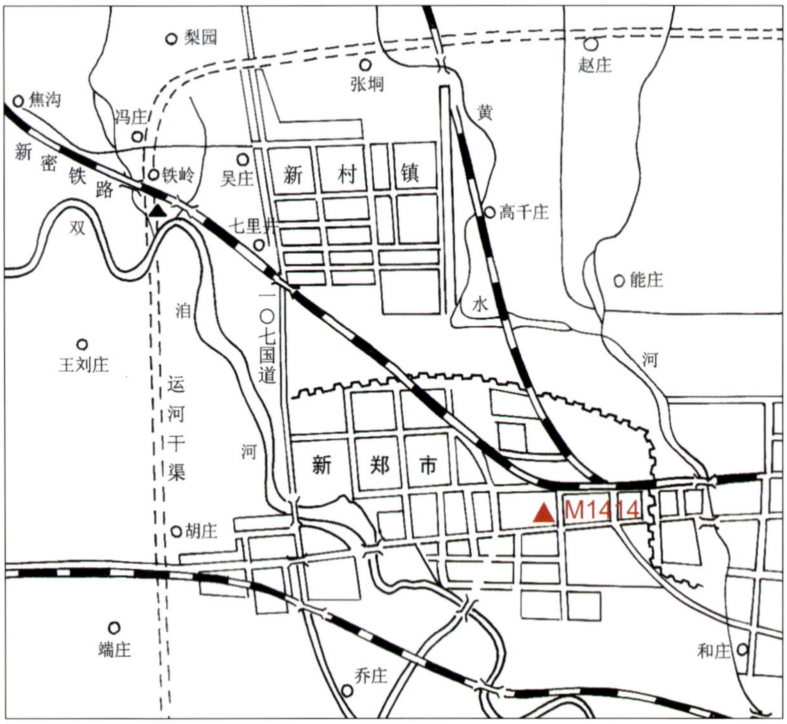

图一 铁岭墓地位置示意图

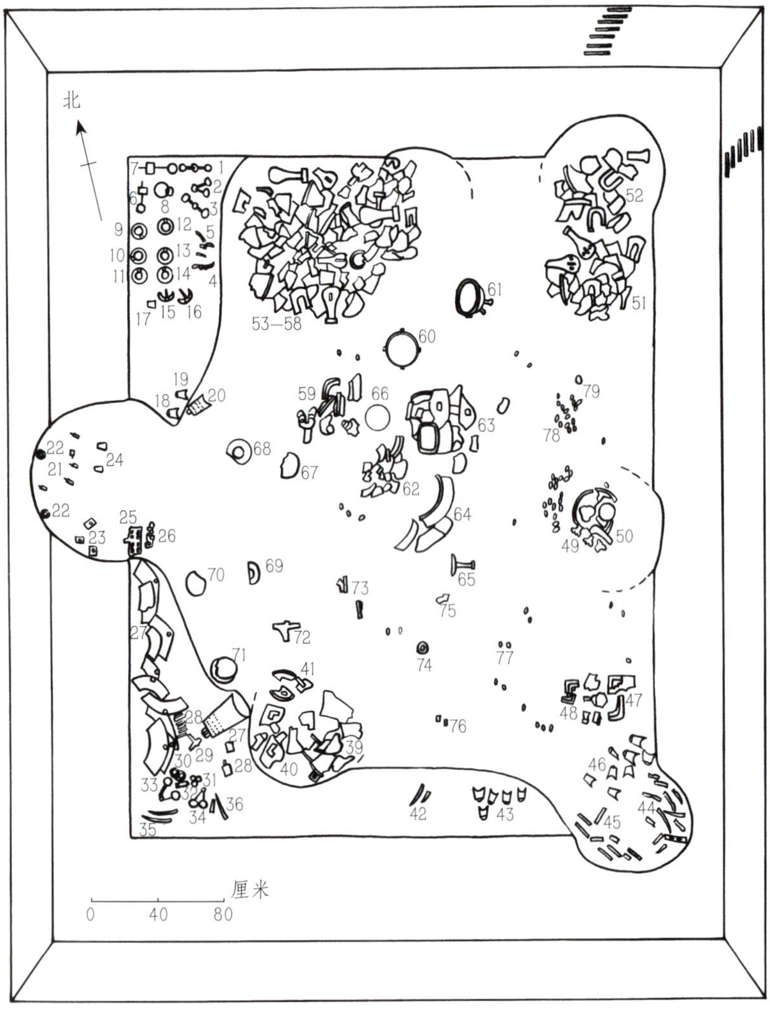

1—3、33、34. 马衔　4、5、35、36、42、44. 马镳　6、7、37、38. 带扣　8. 铜环　9—16. 车軎　17. 衡饰　18、19、43、46. 铜铃　20. 编钟　21、22、30、31. 玉柱　23. 玉带钩　24. 玉埙　25、26. 钟簴构件　27. 编磬　28、45. 玉条　29、72. 铜戈　32. 玉饰　39. 陶甗　40、47、48、59. 陶簠　41、60、61. 陶盏　49、50. 陶盒　51—58. 陶鼎　62、63、71. 陶壶　64. 红陶鬲　65. 陶豆　66—70. 陶碗　73. 铜戟　74. 玉壁　75. 玉瑗　76. 方形玉饰　77. 海贝　78. 骨贝　79. 铜贝

图二 M1414平面图

2. 乐器　有编钟、编磬等。

(1) 编钟　1套，仅余一大一小，编为一号。标本M1414：20，长方形钮，钮中部为红色范芯土，正、背面饰三角雷纹，较为模糊。体呈合瓦形，钲部18螺旋状枚，以凸棱规界，钲间饰羽纹为底的卷云纹，篆饰卷云纹，鼓部饰羽纹为底的卷云纹组合成兽面纹。平舞，饰无首龙纹。大者，凸棱上饰斜线纹，鼓部加长，腔内可看见一圈范线。钮高4.1厘米、宽3.3厘米、厚1.1厘米，铣间13.7厘米，于间9.9厘米、于厚0.5厘米，鼓高8.5厘米，钲高7.4厘米，舞长径10.6厘米、短径7.8厘米，通高26厘米（图三；图十三）。小者，制作不精，凸棱上无斜线，鼓部较短。钮高3.4厘米、宽3.3厘米、厚1.1厘米，铣间8.2厘米，于间6.3厘米、于厚0.4厘米，鼓高2.2厘米，钲高6.2厘米，舞长径6.8厘米、短径5.2厘米，通高14.6厘米（图三，2；图十四）。

(2) 编磬　1套。标本M1414：27，10件，其一残，尺寸依次递减。桥形，顶部一圆孔。圆孔左端略短，右端略长，以绳系孔，左端呈水平状。磬内部为红色芯土，包皮胎厚0.1—0.2厘米。磬长27—36.4厘米、宽6.6—9厘米、厚1.6—2.2厘米(图五；

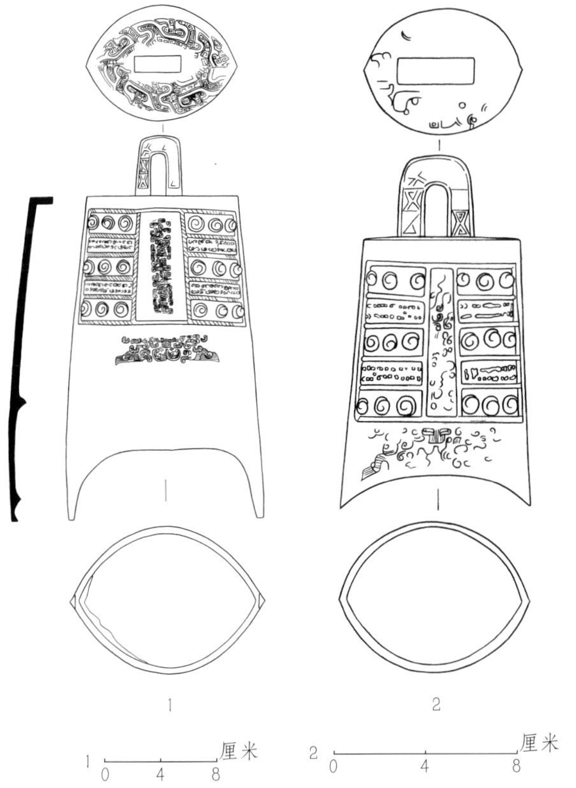

图三 铜编钟（M1414：20—1、20—2）

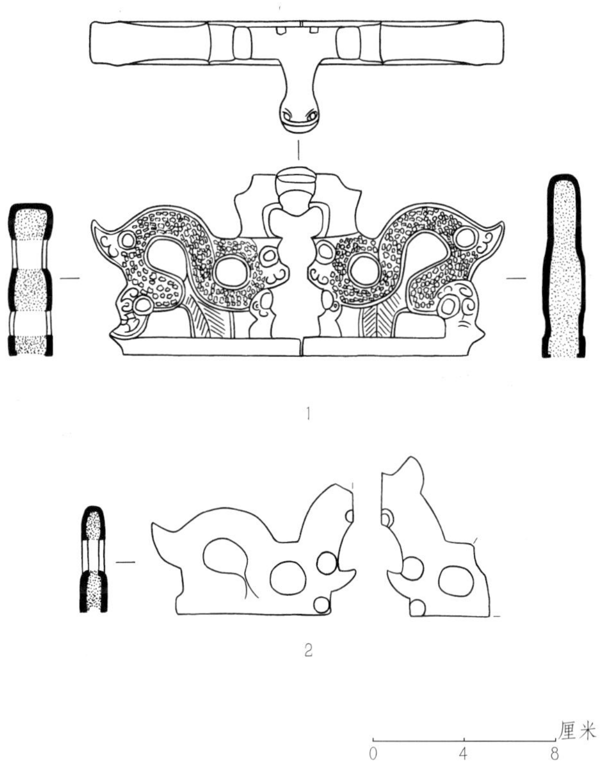

图四 钟簴构件（M1414：25、26）

图十五）。

（3）钟簴构件 2件。标本M1414：25，由两个扁体透雕龙组成，立于长条形底座上，相向而立。龙短首翘尾，身躯布满龙鳞，腿、尾处饰圆圈纹与卷云纹。两角上伸相连成拱门状，一侧伸出蛇头。长18厘米、宽1.8厘米、高7.6厘米（图四，1；图十六）。标本M1414：26，残，两龙无腿、无底座，拱钮失。残长14.8厘米、宽1.2厘米、残高6.7厘米（图四，2）。

3.兵器 有戈、戟等。

（1）戈 2件。标本M1414:29，援折断，中部起脊，两侧薄为刃，胡部出两弧刃，阑侧四穿，长方形内窄长，前部有一长方形横穿，三边为刃。残长16厘米（图六，6；图十七）。标本M1414：72，援残，中部鼓起，两侧略见刃线，短胡，阑侧三穿，长方形内较宽，前部一长方形横穿。残长16厘米（图六，7）。

（2）戟 1件。标本M1414：73，由钜和矛组成。钜援残断，中起脊，胡部呈弧刃状，銎作半管状。残长3.8厘米、高7.7厘米。矛锋残，三叶，骹中部有一长1厘米的窄孔用于固定柲。残长11.8厘米、骹径2厘米（图六，8）。

4.车马器 有车軎、马镳、马衔、带扣、铜环、铜铃等。

车軎 8件，两两成对。标本M1414:9，合范铸成，由軎和辖组成。軎上端无缘，下端为座，軎身中部两道宽凸棱，下部范线上两个长方形辖孔。軎身自上而下饰贝纹、回纹、镞形凸点纹、菱形贝纹。上口内径4.8厘米、座内径6.2厘米、座外径8.4厘米、座厚1厘米，通高6.4厘米，壁厚0.25厘米。辖首作简体兽首，卷唇，小圆眼，长方耳突起。键长方体，末端一长方孔。长8.5厘米（图七，1；图十八）。标本M1414：11，形制同前，但底座较薄。軎身自上而下饰贝纹、三角凸点纹、大贝纹、镞形凸点纹、菱形贝纹。上口内径5厘米、座内径5.6厘米、座外径8.2厘米、座厚0.3厘米，通高5.7厘米，壁厚0.2厘米。辖首亦为兽首，卷唇，圆眼，竖耳。键长方体，中部略弯曲，末端一长方孔。长8.2厘米（图七，2；图十九）。标本M1414：13，合范铸成，由軎和辖组成。軎上端为缘，饰绹纹；下端为座，光素；軎身下部范线上有两个长方形辖孔。軎身中部一周绹纹，绹纹上下均

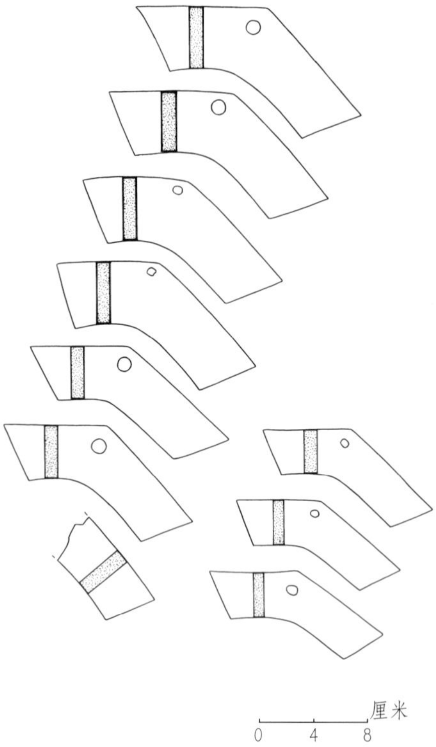

图五 铜编磬（M1414：27）

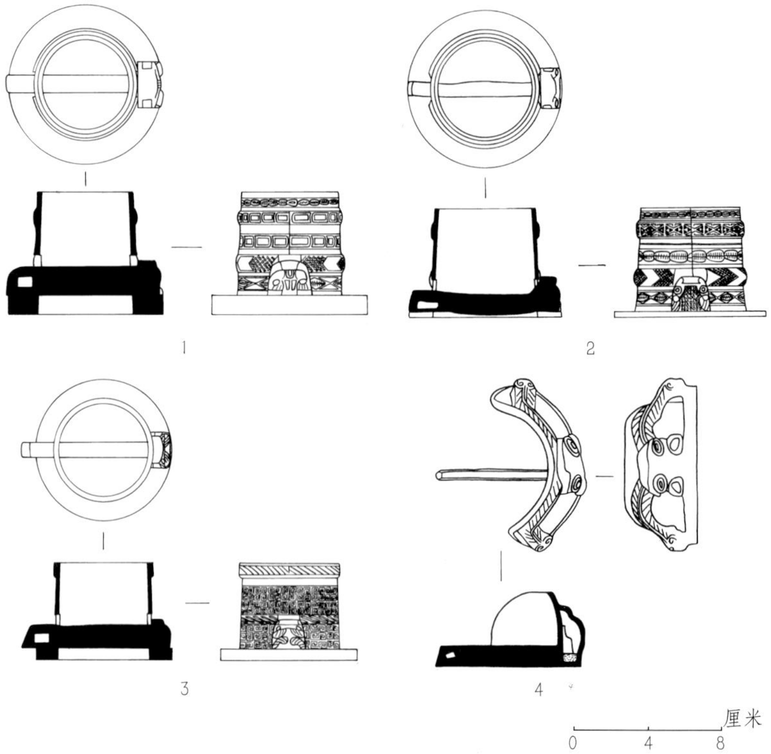

图七 车軎（M1414：9、11、13、15）

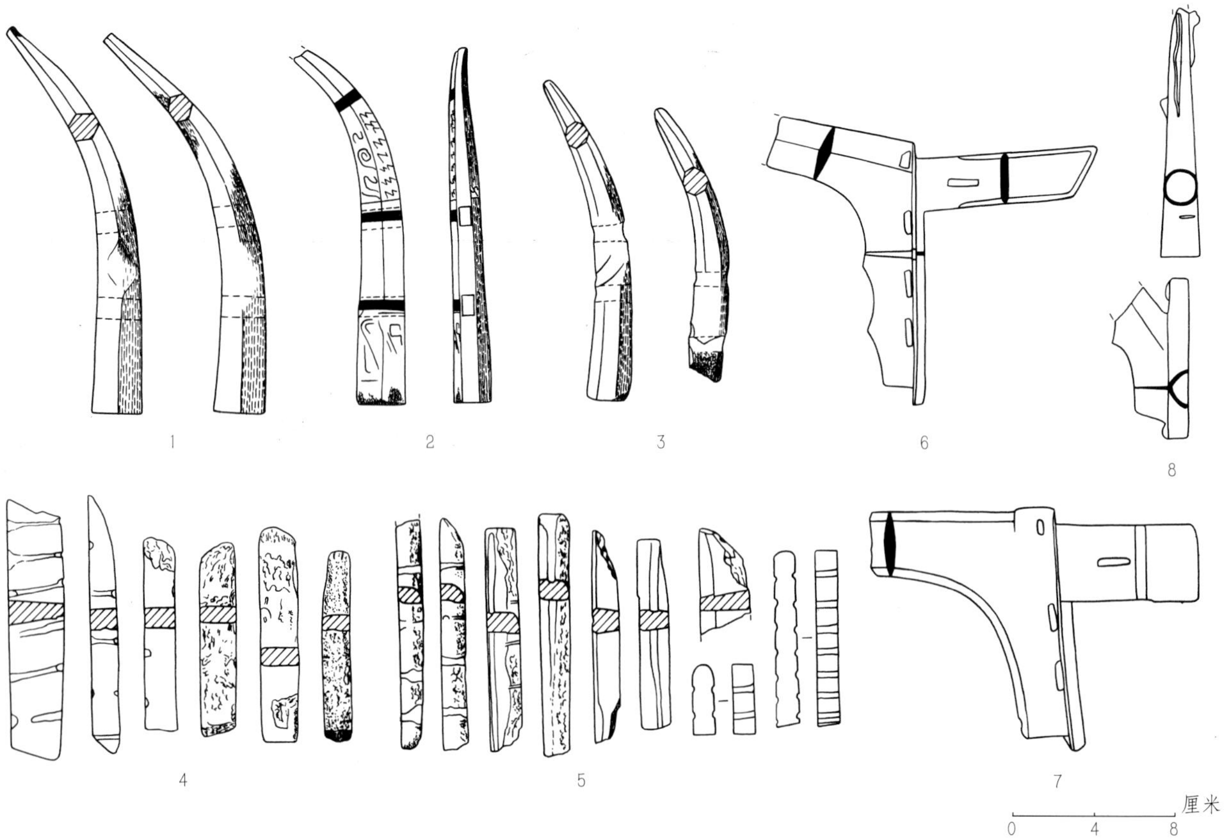

1—3.马镳（M1414：35、36、42） 4、5.玉柱（M1414：28、45） 6、7.戈（M1414：29、72） 8.戟（M1414：73）

图六 M1414出土器物

为蟠虺纹。缘内径4.8厘米、厚0.3厘米，座内径5厘米、座外径7.4厘米、厚0.6厘米，通高5.1厘米，壁厚0.2厘米。辖首似为龙首，卷唇，小眼，树叶眉，牛角。键长方体，末端有长方形孔。长8.2厘米（图七，3；图二十）。标本M1414：15，軎身成半环状，有座，軎与辖连铸，但辖键与辖首不连。辖首作仰视兽头状，较宽，小耳，大眼，嘴含两宽体蛇尾部，蛇身攀附在軎身上，蛇头搭于軎座边缘。顶径7厘米、座内径6.5厘米、座外径8.3厘米，通高3.9厘米（图七，4；图二十一）。

马镳　11副。2副铜制。标本M1414：4，其一残。虎形，平首，小耳，平背，方足，长尾曲扬。长15.7厘米、高3.1厘米、缘厚0.3厘米（图八，4）。标本M1414：5，两件均残。器形同前，但虎身饰斜线纹，背面足上部各一扁钮，用于系挂。长约16厘米、高2.9厘米、缘厚0.3厘米（图八，5）。9副角制。标本M1414：35，磨制，上端细而弯曲，下端略粗，截面呈六边形，中部两长方形孔，孔长1厘米、宽0.7厘米。马镳长分别为19.4厘米、19.6厘米，最大断面径分别为2.4厘米、2.5厘米（图六，1；图二十二）。标本M1414：36，其一成碎片，另一顶残。截面成六边形，中部长方形小孔，长1厘米、宽0.6厘米。马镳侧面饰褐色锯齿纹、雷纹。残长17.6厘米，最大断面径2.4厘米（图六，2；图二十三）。标本M1414：42，其一下部残，角稍微磨成八边形，中部两个直径0.9厘米的圆孔。完整者长15.7厘米，最大截面径2厘米（图六，3）。另在墓室东南盗洞里发现6副马镳，残甚，编为44号，截面八边形的1副，截面六边形的4副，截面圆形的1副。个别残留有褐红色三角云雷纹。

马衔　5件。4件柄较粗，1件柄稍细。两节，小环相套。光素无纹。标本M1414：1，大环长径5.4厘米，小环直径2.8—3.4厘米，通长21.7厘米（图八，8；图二十四）。标本M1414：34，大环直径5厘米，小环直径2.6—3.1厘米，通长21.7厘米（图八，9；

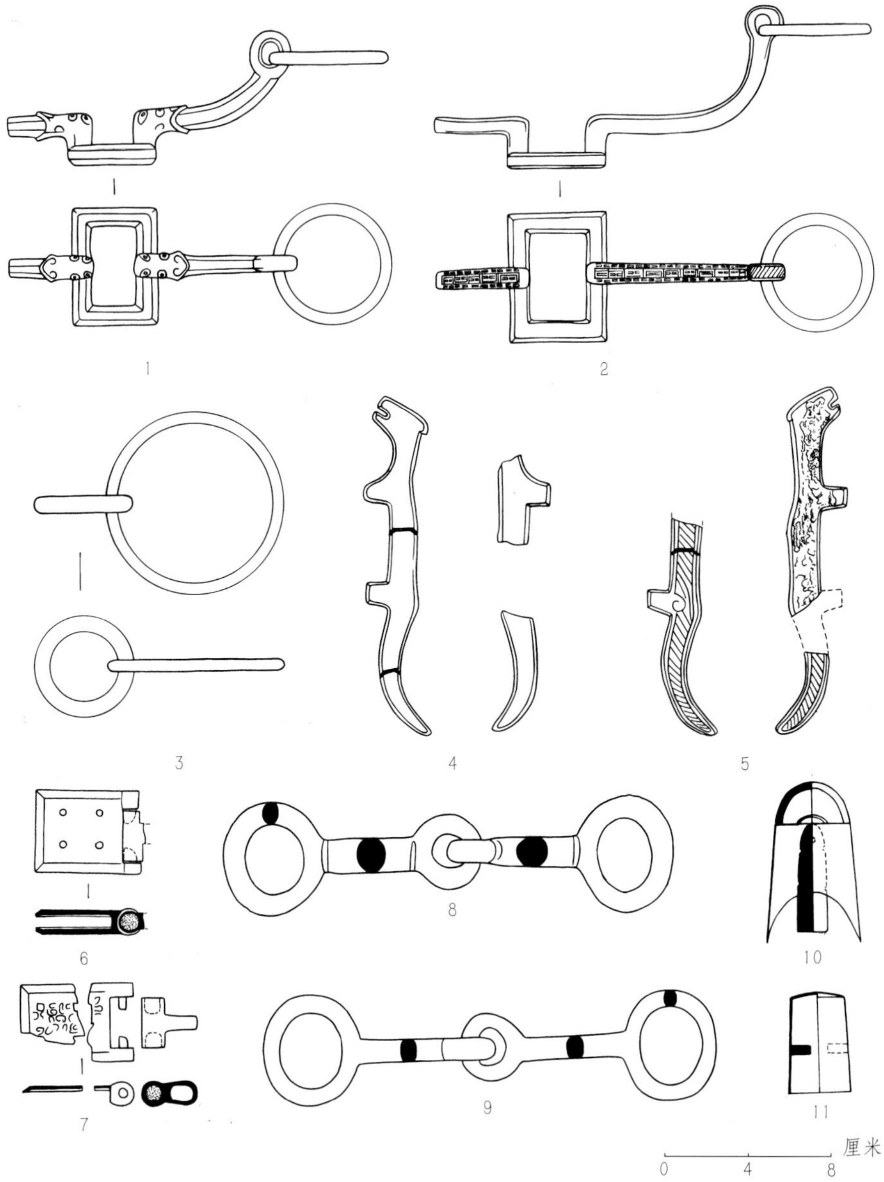

1、2、6、7.带扣（M1414：6、7、37、38）　3.铜环（M1414：8）　4、5.马镳（M1414：4、5）　8、9.马衔（M1414：1、34）　10.铜铃（M1414：18）　11.衡饰（M1414：17）

图八　M1414出土铜器

1—4.玉柱（M1414：21、22、30、31） 5.玉埙（M1414：24） 6.玉带钩（M1414：23） 7.玉饰（M1414：32） 8.玉璧（M1414：74） 9.玉瑗（M1414：75） 10.方形玉饰（M1414：76） 11.海贝（M1414：77） 12.骨贝（M1414：78） 13.铜贝（M1414：79）

图九 M1414出土玉、骨器

图二十五)。

带扣　4件。两件通过扣尾的环连接绳索类。标本M1414:6，扣作长方形，扣上前、后各出一龙首。龙圆眼，小耳，张口吐舌。前龙舌作八棱短柱状，后龙舌作八棱长曲柱状，柱尾做成小环状,连接一个大环。通长18厘米、宽5.6厘米、高6.1厘米（图八，1；图二十六)。标本M1414：7，扣稍大，扣上前、后各伸出十四棱柱。前柱短而微曲，后柱长而上扬，尾为小环，连接一个大环。前后柱顶面微弧，饰雷纹。通长21厘米、宽6厘米、高7.4厘米（图八，2；图二十七)。两件通过扣片固定皮带类。标本M1414：37，由扣片、轴、扣针组成。上、下扣片各有四个钉孔，用以固定革带。轴非通贯状，为两个乳钉卡住扣针的套筒。扣针失。钉孔直径0.3厘米,通长5.1厘米、宽3.8厘米、厚1厘米（图八，6)。标本M1414：38，残，形制同前。钉孔为方形，扣片饰雷纹。钉孔边长0.3厘米，通长约6.8厘米、宽3.6厘米、厚1.1厘米（图八，7)。

铜环　1件。标本M1414：8,出土于带扣旁。两环相套而成。大环直径8.4厘米,小环直径4.6厘米，断面径分别为0.5厘米、0.7厘米（图八，3)。

衡饰　1件。标本M1414：17，圆筒状，弧顶，腰中间一对钉孔，楔入圆钉。内部残留木质纤维。顶径2.6厘米、底径3厘米、高4.6厘米（图八，11)。

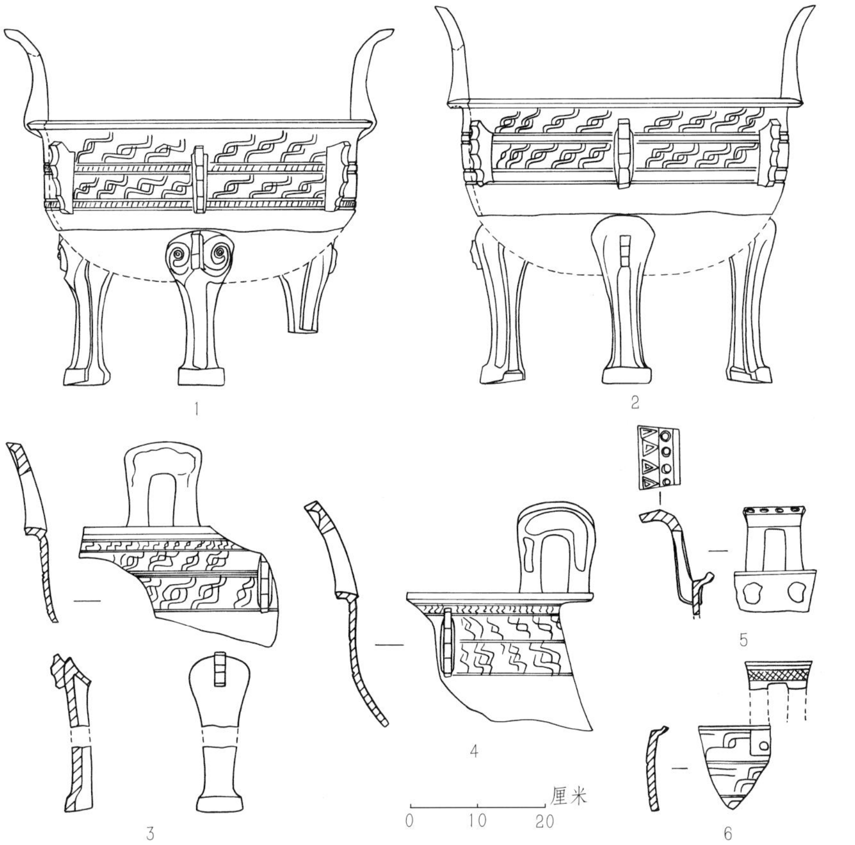

图十　陶鼎（M1414：51、53、52、54、56、57)

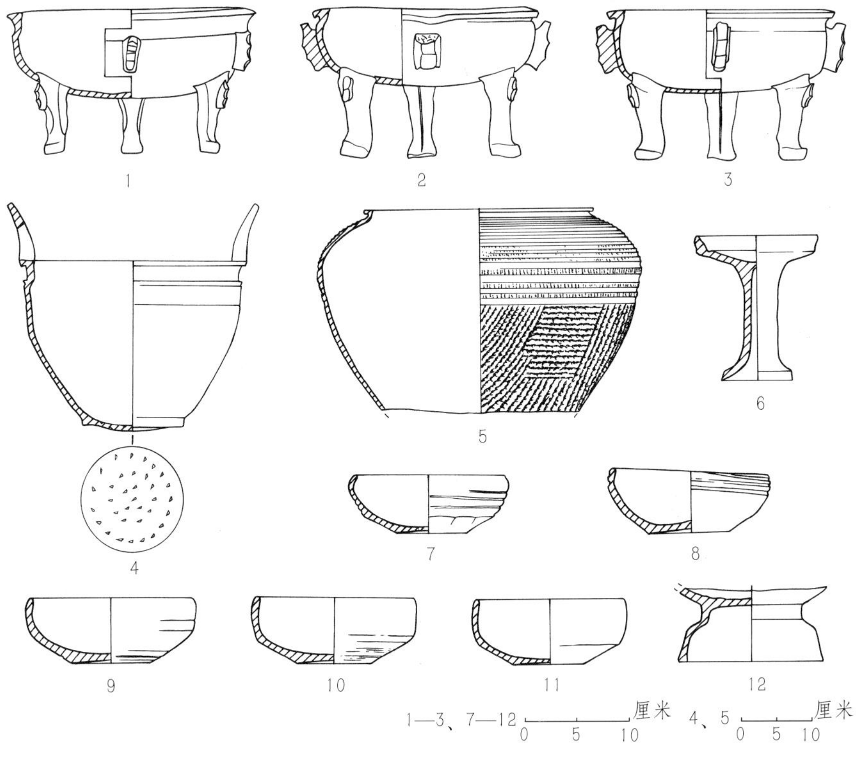

1—3.盏（M1414：41、60、61）4.甑（M1414：39）5.鬲（M1414：64）6.豆（M1414：65）
7—11.碗（M1414：66、70、67、68、69）12.圆壶（M1414：71）

图十一　M1414出土陶器

铜铃　15件。形制一样。标本M1414:18,合瓦形，拱形钮，舞部中心为孔，上横一拱梁，铣较长。高7.4厘米、宽4.5厘米、厚3.4厘米、壁厚0.1厘米。舌用蚌壳制成，梯形，顶端钻孔，两侧磨有凹槽。长5厘米、宽1.5厘米、厚0.3厘米（图八，10）。

（二）玉器

37件。除特别标明玉质外，皆滑石制成。

1. 玉条　15件。标本M1414：28，6件。长条形，横截面为长方形，1件稍宽，其余较窄，3件顶面上有凹槽或豁口，3件风化较重。长9—12.4厘米、宽1.4—2.7厘米、厚0.8—1.2厘米（图六，4；图二十八）。标本M1414：45，9件，均出土于墓室东南角盗洞内，编为一号。其中4件一棱磨去，顶与一侧成弧面，此4件中，3件刻有凹槽。长10.6—11.6厘米、宽1.2—1.7厘米、厚0.8—1厘米。2件为长方柱体。长9—10.2厘米、宽1.3—1.4厘米、厚1—1.2厘米。1件较宽。残长5厘米、宽2.5厘米、厚0.9厘米。2件头端呈圆形，底端平，两侧面均刻凹槽。长3.3—8.3厘米、宽均1.1厘米、厚均1.1厘米（图六，5；图二十九）。

2. 圆玉柱　12件。M1414：21，5件，出土于墓室西部盗洞底，散乱，编为一号。下部为圆柱体，上部中央一平顶圆锥，个别锥顶残。下部圆柱体直径1.3—1.8厘米、高2—2.7厘米、通高2.3—3.7厘米（图九，1；图三十）。标本M1414：22，2件，出土于墓室西部盗洞底，编为一号。玉柱顶面出一矮圆柱，顶与底对钻成孔。顶柱径2.7—3厘米、底径3.3—3.4厘米、高2.1—2.5厘米（图九，2；图三十一）。标本M1414:30，2件，出土时放在一起。其一矮宽，顶柱径3厘米、底径4厘米、高2.3厘米。其二瘦高，下部柱体收缩，一面钻孔。顶柱径2.9厘米、底径2.8厘米、高2.5厘米(图九,3;图三十二)。标本M1414：31，3件，出土时放在一起，形制相同，大小相差无几。顶柱径均为2.4厘米，底径分别为2.9厘米、2.9厘米、3厘米，高分别为2厘米、2.4厘米、2.2厘米（图九，4；图三十三）。

3. 玉埙　标本M1414：24，2件，出土于墓室西部盗洞底，编为一号。水滴形，上端小而平，有吹孔，垂腹，腹面有音孔，下端平。其一顶径1.3厘米、腹径2.2—2.4厘米、底径1.8—2.1厘米、高4厘米，吹孔径0.6厘米，正面两个音孔径均为0.2厘米。其二顶径0.8厘米、腹径2.8—

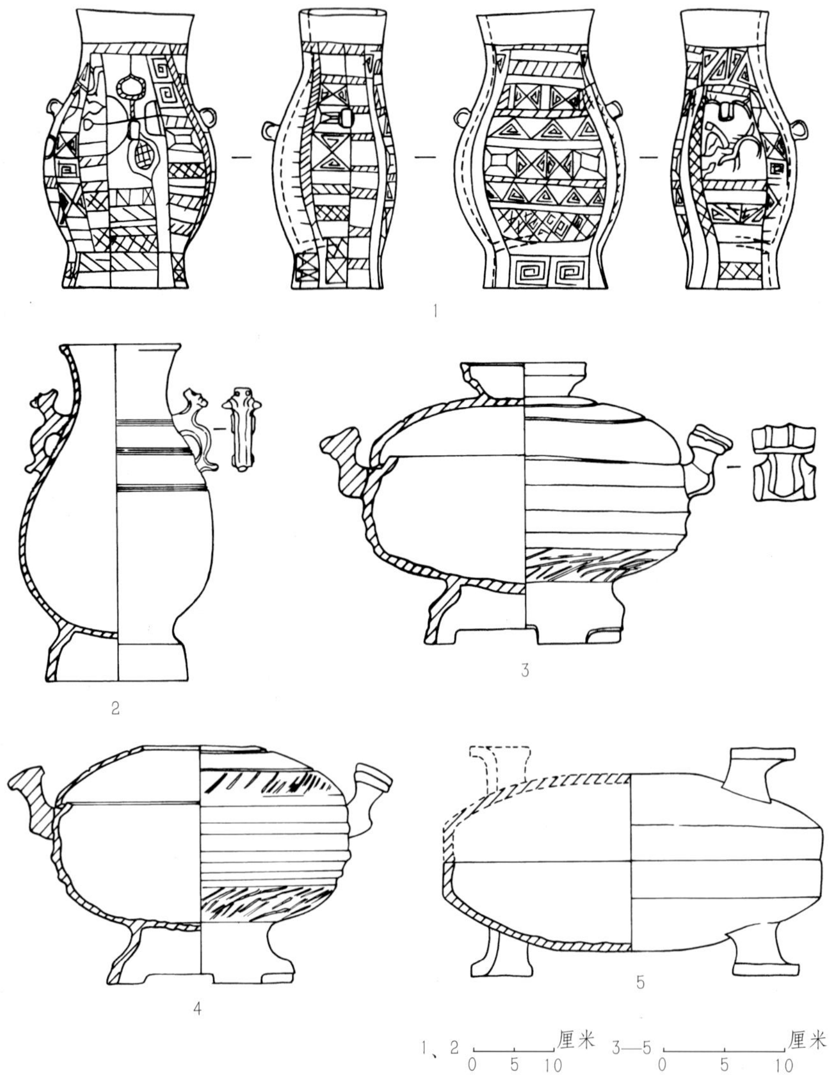

1.扁壶（M1414：63） 2.圆壶（M1414：62） 3、4.盒（M1414：49、50） 5.篚（M1414：40）

图十二 M1414出土陶器

图十三 铜编钟（M1414：20—1）

图十四 铜编钟（M1414：20—2）

图十七 铜戈（M1414：29）

图十五 铜编磬（M1414：27）

图十八 车軎（M1414：9）

图十九 车軎（M1414：11）

图十六 钟簴构件（M1414：25）

图二十 车軎（M1414：13）

图二十一 车軎（M1414：15）

图二十二 马镳（M1414：35）

图二十三 马镳（M1414：36）

图二十四 马衔（M1414：1）

图二十五 马衔（M1414：34）

图二十六 带扣（M1414：6）

图二十七 带扣（M1414：7）

3.4 厘米、底径 1.4—1.9 厘米、高 5 厘米，吹孔径 0.35 厘米，正、背四个音孔直径均为 0.3 厘米（图九，5；图三十四）。

4. 带钩　标本 M1414：23，3 件，出土于墓室西部盗洞底，编为一号。俯视长方形，侧视反 S 形。顶部一孔，不通透，底部一钩槽。两件顶较拱，一件顶较平。长分别为 4.3 厘米、4.1 厘米、4.7 厘米，宽分别为 3.1 厘米、3.2 厘米、2.9 厘米，厚分别为 2.5 厘米、2.2 厘米、2 厘米（图九，6；图三十五）。

5. 玉饰　1件。标本M1414：32，长条形，顶面与左侧面磨成弧面，弧面中部略下凹，弧面两缘磨成凹槽，右侧面中部一直径0.9厘米的钻孔，底面被磨成两斜面，右侧斜面两缘也各有一凹槽。长7.1厘米、宽3.15厘米、厚2.9厘米（图九，7；图三十六）。

6. 玉璧　1件。标本M1414:74,青玉。制作不精，非正圆。内、外圈阴刻短线纹，线纹间阴刻卷云纹。直径6厘米、好径1.9厘米、厚0.4厘米（图九，8；图三十七）。

7. 玉瑗　1件。标本M1414:75,青玉。磨制光滑，光素无纹,肉内厚外薄。直径13.4厘米、好径7厘米、好厚0.3厘米（图九，9；图三十八）。

8. 方形玉饰　标本M1414:76，2件，编为一号，均残，一件可绘出复原图。青玉。方形，上、下两边各有两个小凹槽，两面磨制光滑。正面饰斜线纹和双钩云纹，双钩内皆磨成凹面，四角各有一孔用于固定。边长3.3厘米、厚0.1厘米（图九，10；图三十九）。

（三）骨器

主要有骨贝、海贝、铜贝等，71个（颗）（骨器内含有海贝、铜贝，因其功能相同）。

1. 海贝　标本M1414：77，10个。背部被切去。长2.7—3.1厘米、宽1.8厘米、厚0.5—0.7厘米（图九，11）。

2. 骨贝　标本M1414：78，60个。用骨片制成，正面凹槽旁刻有7—10道细线，背面中部钻一圆孔。长1.9—2.3厘米、宽1.4—1.7厘米、厚0.4—0.6厘米、孔径0.25—0.3厘米（图九，12）。

3. 铜贝　1个。标本M1414：79，泡状，顶中部有一凹槽，槽旁细线多不清。长2.7厘米、宽2厘米、厚0.65厘米、胎厚0.2厘米（图九，13）。

（四）陶器

28件，器形有鼎、盏、盒、壶、簠、甗、鬲、豆、碗等。

1. 鼎　8件，均无法修复。平沿鼎5件。标本M1414：51，褐红胎，褐衣。敛口，弧平沿，沿外侧较低，斜方唇，沿上两立耳，上腹较直，下腹弧内收，以下残，三蹄足。耳无纹饰。腹部4周凹弦纹，弦纹

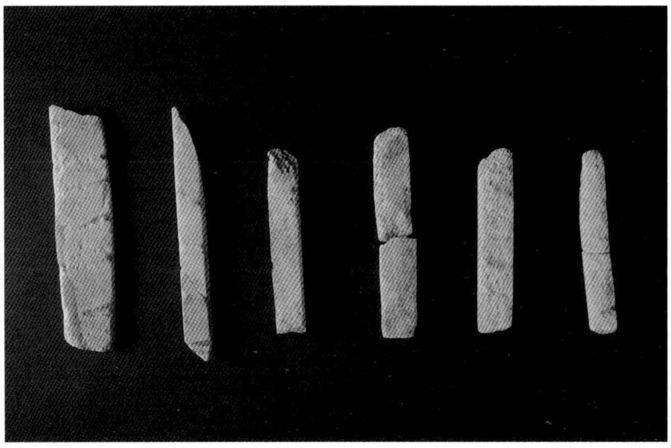

图二十八　玉条（M1414：28）

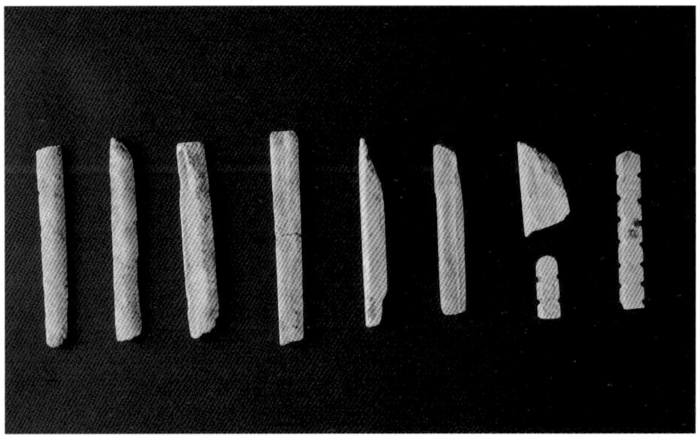

图二十九　玉条（M1414：45）

间饰两周斜线纹，斜线纹上两周绹纹，并等距装饰六个五齿扉棱。足为棱柱体，内侧为凹槽，外侧为五个棱面，上端凸圆，中有三齿状扉棱，棱两侧做出旋转的兽眼。口径45厘米、腹径45.6厘米、高约50.4厘米（图十，1）。标本M1414：53，褐红胎，褐衣。形制基本同前，但细部有不同。略束颈，鼓腹。腹部凹弦纹间无斜线纹。足与鼎腹接触面有锥状凸榫，外侧七个棱面，上端中间十三齿扉棱，下端外扩的蹄部是附加上去的。口径45.6厘米、腹径48厘米、高约53.8厘米（图十，2）。标本M1414：52，褐红陶，内外涂白彩。敛口，弧平沿，方唇，沿上立耳，弧腹，圜底，蹄足。耳无纹饰。腹部五周凹弦纹，弦纹间饰很不规整的绹纹。足外圆内空，上端有三齿扉棱。口径46厘米、高约52.5厘米（图十，3）。标本M1414：54，褐红陶，内外涂白彩。形制同前，唯腹部绹纹方向相反，凹弦纹为四周。足失，耳外侧削成凹槽。口径46厘米、残高31.5厘米（图十，4）。子口鼎3件。标本M1414:56，褐红胎，褐衣。子口，方唇，口沿外有附耳，腹部残，足失。耳面饰一排三

图三十 玉柱（M1414：21）

图三十四 玉埙（M1414：24）

图三十一 圆玉柱（M1414：22）

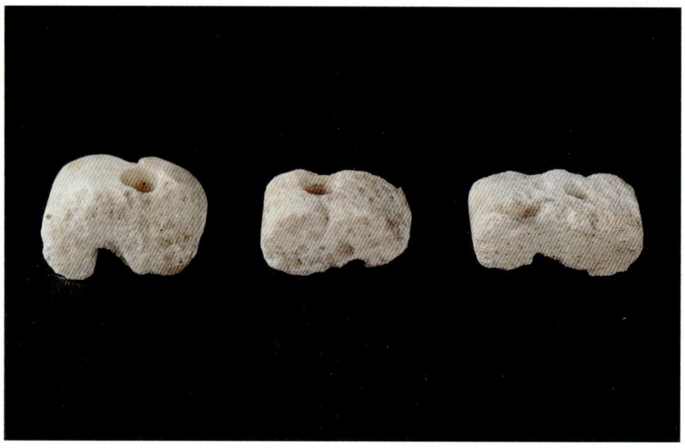

图三十五 带钩（M1414：23）

图三十二 圆玉柱（M1414：30）

图三十六 玉饰（M1414：32）

图三十三 圆玉柱（M1414：31）

图三十七 玉璧（M1414：74）

角云雷纹、一排圆圈纹。耳高13.5厘米、宽9厘米（图十，5）。标本M1414：57，褐红胎，褐衣。子口，方唇，口沿外有附耳，弧腹，以下残。腹部饰两周凹弦纹和三周绹纹，耳饰一排网纹。口径50厘米（图十，6）。标本M1414:58，褐红胎，褐衣。仅余残耳，耳面饰两排对顶三角云雷纹，云雷纹中间饰四个圆圈。耳宽10.5厘米、胎厚1.3厘米。

另见到两件鼎盖的残片，均褐红胎，褐衣。敛口，方唇，弧顶。顶饰凹弦纹与绹纹。口径分别为51厘米、54厘米。

2.盏　3件。泥质褐红胎，褐衣。敛口，弧平沿，尖唇或斜方唇，束颈，弧腹，圜底，三蹄足。腹饰六个四齿扉棱，足上端安三齿扉棱。标本M1414：41，尖唇，束颈较高，足削成四棱状，内底凸凹不平。口径20厘米、腹径22厘米、高13厘米（图十一，1；图四十）。标本M1414：60，斜方唇，束颈较矮，半圆柱足，内侧有一细槽。口径18厘米、腹径20.4厘米、高13.6厘米（图十一，2）。标本M1414：61，束颈居于前两者之间。口径18.6厘米、腹径20厘米、高13.6厘米（图十一，3；图四十一）。

3.盒　2件。泥质褐红陶，器表涂灰褐彩，多脱落。盖，侈口，斜方唇，弧顶，圈足状圆捉手。顶饰两周凹弦纹。盒，子口，方唇，沿下两附耳，深弧腹，圜底，大圈足，足下三宽齿。耳顶呈屋顶状，腹饰三周瓦纹，下腹外壁有刮削纹。标本M1414:49，器形较大。口径21厘米、腹径27厘米、圈足径16厘米、通高22.4厘米（图十二，3；图四十二）。标本M1414：50，器型略小。盖顶残，盖顶边缘亦饰刮削纹，腹部瓦纹底较平。口径20厘米、腹径24.5厘米、圈足径14.5厘米、残高19厘米（图十二，4；图四十三）。

4.圆壶　2件。标本M1414：62，褐红胎，外壁褐衣，内壁露胎。圆形，侈口，窄平沿，尖唇，束颈，弧肩，鼓腹，圜底，圈足。肩部六周凹弦纹，对饰两兽耳。兽宽嘴，大眼，螺角，弓背，翘尾。口径13.3厘米、腹径24厘米、圈足径15.6厘米、高40.2厘米（图十二，2；图四十四）。标本M1414：71，灰陶。仅余底及圈足。圜底，内壁有轮制时留下的旋痕，圈足上部呈束腰状。圈足径12厘米、残高6.8厘米（图十一，12）。

5.扁壶　1件。标本M1414：63，褐红胎，内外壁褐衣。侈口，束颈，正、背、侧面鼓腹，背面微鼓，平底略内凹，高圈足。正面上腹部、两侧面肩部各设一扁圆耳。壶身颈部至圈足满刻纹饰，以三角云雷纹、方形云雷纹、直线纹、斜线纹为主，另有草叶纹、池田纹、回纹等。口长径12.5厘米、短径8.8厘米，腹长径21.3厘米、短径15.6厘米，圈足长径13.2厘米、短径9.3厘米，高33.1厘米（图十二，1；图四十五）

6.簠　4件。3件为泥质褐红胎，褐衣。标本

图三十八　玉瑗（M1414：75）

图三十九　方形玉饰（M1414：76）

图四十　陶盏（M1414：41）

图四十一 陶盏（M1414：61）

图四十二 陶盒（M1414：49）

图四十三 陶盒（M1414：50）

图四十四 陶圆壶（M1414：62）

图四十五 陶扁壶（M1414：63）

图四十六 陶簠（M1414：40）

图四十七 陶甑（M1414：39）

M1414:40，盖无法修复。长方形，直口微敛，方唇，上腹直，下腹斜内收，小平底，四矩形足较小。内壁抹制不精，体无纹饰。长31厘米、宽21厘米、高18.2厘米（图十二，5；图四十六）。标本M1414：47，器与盖均无法复原。器型同前者，唯矩形足较大，折腹处有半圆耳。下腹饰三角网纹，底饰绳网纹。长不明，宽21厘米、高22厘米。标本M1414：48，仅见两宽大矩形足。足宽7—8厘米、足高4.5厘米。1件为泥质红陶，器表涂灰褐彩。标本M1414：49，体形巨大，胎厚，无法修复。上腹直，下腹弧内收，平底，足失。一对兽环耳，兽的两角作陀螺状，横长眉，凸圆眼，眉眼间一纵状鼻，宽卷唇，面颊饰上卷的胡须，胡须后大耳。口衔兽身，尾上卷。长不明，宽21厘米、残高10厘米、胎厚1.5厘米。

7. 甑　1件。标本M1414：39，直口微敛，弧平沿，方唇，沿上斜立两耳，束颈，上腹直，下腹内收，假圈足，足底外凸。器底内外戳印三角小孔，但不通透，也不对应。内外壁涂白衣，大部脱落。口径27.4厘米、足径14厘米、高30.6厘米（图十一,4；图四十七）。

8. 鬲　1件。标本M1414:64,红陶。敛口,平沿,方唇,短束颈,弧肩,鼓腹,浅袋状足残。口径30厘米、腹径45.6厘米、残高27.6厘米（图十一，5）。

9. 豆　1件。标本M1414:65,灰陶。侈口,尖唇,斜直腹，外腹壁略束，圜平底，细高柄，小喇叭座。口径11厘米、柄径3.4厘米、圈足径6.8厘米、高13.2厘米（图十一，6；图四十八）。

10. 碗　5件。灰陶。敛口，圆唇，鼓腹或上腹微鼓，下腹弧内收，平底略内凹。标本M1414：66，腹部三周凹弦纹，下腹刀削痕明显。口径13.4厘米、腹径15厘米、底径6.8厘米、高5.2厘米（图十一，7；图四十九）。标本M1414:70，上腹两周半凹弦纹，下腹刮削一周。口径13.8厘米、腹径15厘米、底径7.6厘米、高6厘米（图十一，8；图五十）。标本M1414:67，上腹微鼓，下腹刮削一周，有细微刮削痕。口径14.2厘米、腹径15.8厘米、底径7.2厘米、高6厘米（图十一，9；图五十一）。标本M1414：68，器型同前。口径13.8厘米、腹径15.4厘米、底径6.8厘米、高6厘米（图十一，10）。标本M1414：69，器型同前。口径13.2厘米、腹径14.8厘米、底径6.6厘米、高6厘米（图十一，11）。

三 结 语

（一）年代

铁岭墓地共发掘铜器墓21座，其中17座东西向，根据出土铜器及陶器，时代定为春秋晚期[1]；其余4座南北向，时代应为战国早期。南北向墓中，M1001、M1416未出陶器，所出铜器或残破，或仅余残片，无法对比；M308[2]出土有较为齐全的铜器与陶器，可与M1414进行对比。

M308铜礼器主要有鼎、敦、壶、盘、甑、甗等，M1414的铜礼器见鼎的残片和盘的铺首，两者难以

图四十八　陶豆（M1414：65）

图四十九　陶碗（M1414：66）

图五十　陶碗（M1414：70）

图五十一　陶碗（M1414：67）

对比。

M308 所出陶鼎与 M1414 的陶鼎均为大型鼎，器型、胎质、胎色十分近似，仅耳部有区别，前者鼎耳为附耳，耳上部向外伸出平沿；后者仍见到少量这样的鼎耳，大量的为一种不出沿的鼎耳，鼎耳自下而上为一自然弧面，立于鼎沿上。M308 有褐红陶盖豆，M1414 用功能相同的盒来替代，其豆保留有豆盘宽、圈足宽的春秋晚期特征，M1414 的豆圈足已变窄。M308 的碗敛口、弧壁，M1414 保留有这样的碗，新见上腹直、下腹弧内收的碗。M308 的红陶鬲肩窄平，上腹部较直，M1414 的红陶鬲肩斜宽，腹部自肩斜内收。以上诸点说明 M1414 陶器与 M308 陶器关系紧密，又有所发展。M1414 要略晚于 M308。

M1414 正西 5 米处有 M1413，仅随葬两件盖豆。铁岭墓地 M709、M722[3] 紧随在铁岭墓地春秋晚期晚段墓葬南，棺与椁之间均出土鼎、豆、壶、盘、匜组合，其盖豆与 M1414 的盖豆别无二致，只是后者的盖豆放在东壁壁龛中。器物放在棺椁之间，是春秋晚期摆法的遗留，放在壁龛是新形式，铁岭墓地十余座随葬鼎、豆、壶、盘、匜的墓葬，仅三座（M59、M709、M722）非置于壁龛中。因此，M1413 应该比 M709、M722 时代略晚，同属战国早期。综上，与 M1413 并列的 M1414 的年代，定为战国早期后段较为合适。

（二）墓葬级别

M1414 保留有一椁，椁内是否还有棺椁，或者椁内是否有二棺，由于盗掘严重，已无法弄清。M1414 墓口、墓底尺寸略小于 M308 墓口、墓底尺寸，深度相差较大。后者为二椁一棺，级别为大夫级。M1414 的棺椁不能超过此数，一椁一棺是基本，有二椁一棺或一椁二棺的可能。M308 铜礼器主要有 3 鼎、2 敦、2 壶、1 盘、1 甗、1 甗，M1414 的铜礼器目前可知有 1 鼎、1 盘，另有编钟、编磬各 1 套。随葬编钟、编磬，是铁岭墓地首见，应该说 M1414 的级别不低。M1414 碎陶片中辨别出 8 件大型陶鼎，M308 碎陶片中辨别出 7 件大型陶鼎，陶鼎数严重超越铜鼎数，可能是越礼行为。根据现有迹象与遗物，我们推断 M1414 最高是大夫墓葬，最低是士级墓葬较高者。

（三）墓地性质

铁岭墓地位于双洎河北岸，东西各有一条南北向支流，西部埋葬春秋墓，东部埋葬战国墓。具体埋法：从北向南埋，至双洎河岸边，回过头来，再从北向南埋，埋时并非只有一列，而是数列。现在已知铁岭墓地这个大宗里有几支小宗，M308 所代表的那支小宗位于墓地东半部，向南用地至双洎河边，向东自北向南又埋了数列墓葬。水库东岸的这处墓地可能是铁岭墓地某支小宗因墓域狭促，来此新辟了墓地，并预留了较大空间，它也是自北向南埋葬。M1414 西北 60 米有 M1416，所出铜器为春秋晚期晚段。

领　队：郝红星
发　掘：张吉钦、郝红星、陈留杰
绘　图：郝红星
摄　影：蔡　强
执　笔：郝红星、宋　歌、张吉钦

注释

[1] 郑州市文物考古研究院、河南省文物管理局南水北调办公室：《新郑铁岭墓地 M429 发掘简报》，《中原文物》2010 年第 1 期。《新郑铁岭墓地 M458 发掘简报》，《文物研究》第 17 辑，科学出版社，2010 年。《新郑铁岭墓地 M550 发掘简报》，《中原文物》2010 年第 5 期。《新郑铁岭墓地 M1404、M1405 发掘简报》，《中原文物》2012 年第 4 期。

[2] 郑州文物考古研究院、河南省文物管理局南水北调办公室：《新郑铁岭墓地 M308 发掘简报》，《中原文物》，待刊。

[3] 郑州文物考古研究院、河南省文物管理局南水北调办公室：《新郑铁岭墓地 M709、M722 发掘简报》，《文物春秋》2012 年第 1 期。

西安市长安区西甘河村古墓葬发掘简报

西安市文物保护考古研究院（陕西西安 710075）

【摘要】2012 年，西安市文物保护考古研究院在西安市长安区西甘河村、张王村及南堰头附近清理古墓35 座，窑址 1 座。其中东周墓 3 座，西汉墓 14 座，唐、宋、清墓 5 座。

【关键词】墓葬 发掘 东周 西汉 西安

2012 年 8—10 月，西安市文物保护考古研究院在西安市长安区西甘河村、张王村及南堰头附近配合韩国三星电子项目工程中清理古墓 35 座，窑址 1 座，其中东周墓 3 座，西汉墓 14 座，唐、宋、清墓 5 座（编号 M1—M35）。其中 M1—M4 位于西甘河村以西，M5—M12 位于南堰头村西南，M13—M17 位于张王村北，M18—M35、Y1 位于西甘河村以南（图一）。现简报如下（表一）。

一 东周墓葬

（一）墓葬形制

3 座东周墓（M18、M25、M30）均为长方形竖穴土坑墓。

M18 方向 0°。墓坑长 2 米、宽 1 米、深 1.8 米。墓坑底部中央有长方形的腰坑，坑内殉动物。随葬品有陶盂、陶罐、陶鬲（残）、玉饰、玉玦、贝形饰（图二、图二十一）。M25 方向 0°。墓坑长 1.6 米、宽 0.9 米、深 1 米，四壁光滑，无随葬品。M30 方向 0°，墓坑长 1.76 米、宽 0.9 米、深 1.2 米，无随葬品。葬具葬式为单棺、仰身曲肢葬，头向北。

（二）出土器物

共 7 件，质地有陶、玉、贝等，器类有陶盂、陶罐、陶鬲，玉器有玉饰、玉玦。

陶盂 1 件。标本 M18:3，泥质灰陶。侈口，斜平沿，尖唇，折腹，腹部有一道折痕，下腹斜直，平底。上腹饰有三道凹弦纹，下腹及底饰有细密的细绳纹。口径 10.4 厘米、腹径 12 厘米、底径 7.2 厘米、高 8.6 厘米（图三，1）。

陶罐 1 件。标本 M18:4，泥质灰陶。侈口，圆唇，束颈，弧肩，鼓腹，腹部最大径在二分之一处，下腹内收，平底。口径 8.2 厘米、腹径 10 厘米、底径 8 厘米、高 12.8 厘米（图三，2）。

陶鬲 1 件。标本 M18:5，夹砂褐陶。已残，无法复原。侈口，尖唇，束颈。口径 12.8 厘米、残高 7.4 厘米（图三，3）。

玉饰 1 件。标本 M18:6，青玉，残，平面呈圆柱状。直径 1.2 厘米、残高 1.5 厘米（图三，4）。

玉玦 2 件。形制相同，青玉。圆形穿，在肉处有横裆。标本 M18:1—1，外径 2.5 厘米，肉厚 0.3 厘米（图三，5）。

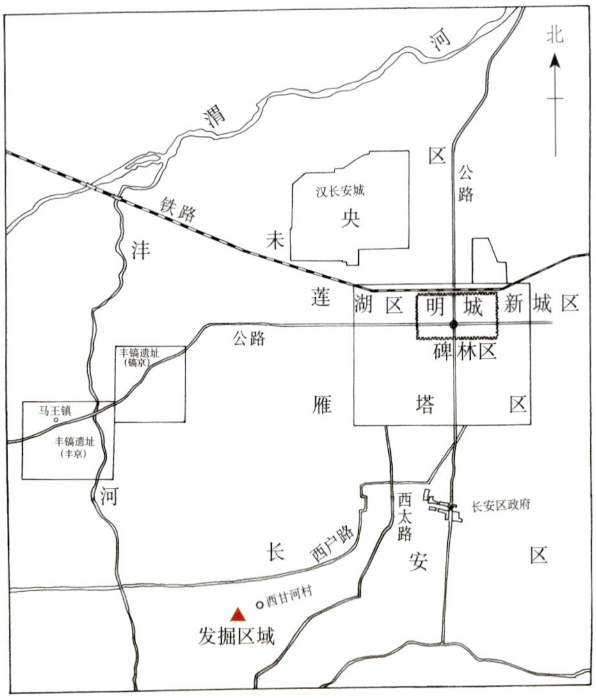

图一 西甘河村墓葬位置示意图

贝形饰 1件。标本M18:2，贝壳形，内侧有一横裆。长2.7厘米、宽2厘米（图三，6）。

二 西汉墓

（一）墓葬形制

14座西汉时期墓葬（M4—M17），依据其平面形状与结构不同，分为三类：竖穴土坑墓、竖穴墓道土洞墓、斜坡墓道洞室墓。

1. 竖穴土坑墓

1座。M5，方向272°。平面呈长方形，墓壁竖直光滑，长3.3米、宽1.3米、深1.9米。单棺仰身直肢葬。随葬品出土于墓室的西南部，有陶罐、陶灶、铁刀、柿楴形棺饰、铜环（木棺内）（图四、图二十二）。

2. 竖穴墓道土洞墓

1座。M7，方向270°。墓道平面呈长方形，底为斜坡状，口略大于底，墓道宽于墓室。上口长2.3米、宽1.3米，底长2.2米、宽1.24米。墓室拱顶土洞，长3.2米、宽0.86米、残高1米。随葬品位于墓室的西端，有陶缶、陶罐、陶钫、陶灶（甑、盆）、陶鼎、铜铃、铜带钩（棺内东部）、半两铜钱（口中，残）（图五、图二十三）。

3. 斜坡墓道洞室墓

12座，依据墓室结构的不同可分二型。

A型 土洞墓。6座，依小龛或天井的有无分二式。

Ⅰ式：2座，无天井或小龛。其中M12方向270°。墓道残长2.8米、宽0.92米、底坡长2.7米。墓室拱顶土洞，长2.8米、宽0.92米、残高0.88米。随葬品有陶罐、陶灶（盆、甑）、铜钱（大泉五十）（图六、图二十四）。

Ⅱ式：4座，有天井或小龛。其中M9方向260°。墓道残长4.8米、宽0.84米，底坡长5.5米。墓室拱顶土洞，长5米、宽1.46米、残高1.6米。随葬品位于木棺内，有扣饰、衔镳、陶盒（残）、铜铺首、盖弓帽、铜饰、车辖、泡钉、柿楴纹棺饰、铜镜、铜套饰、铜镜、镜刷、铁削、铜勺、铜印章、铜钱、漆盒(残,无法提取)等。在墓室的南部中间有一小龛，平面呈长方形，宽1米、高0.6米、进深0.7米。随葬品有陶钫、陶盒、盒盖、陶罐、陶缶、陶鼎、陶灶（釜、甑）（图七、图二十五）。

B型 砖室墓。6座,依小龛或天井的有无分二式。

Ⅰ式：2座，无天井或小龛。其中M8方向270°。墓道残长5米、宽0.84米、深1.5米。墓室券顶砖室，长3.2米、宽0.84米、高0.72米。铺地砖为条砖错缝斜铺。该墓盗扰严重,无随葬品(图八)。

Ⅱ式：4座，有天井或小龛。其中M16方向100°。墓道和墓室不在一条中轴线上。墓道残长4.4米、宽0.7—1.04米、高1.5米，底坡长2.8米。甬道拱顶土洞，长2.44米、宽0.84米、高1.2米。墓室券顶砖室，长3.56米、宽0.96米、高1.3米。铺地砖为条砖错缝斜铺。随葬品有陶樽、陶盒、陶罐、陶鼎、铜镜、铁剑、铁削、石研、石砚、鼻塞、铜钱（五铢）。墓室的北壁前端有小龛为券顶砖室,宽0.86米、进深0.9米、高0.7米。随葬品有陶仓、陶甑、陶盆、陶壶、陶罐、陶灯、陶釜、铜弩机、泥球、铁釜（图九、图二十六）。

木板封门4座，砖封门9座，1座不详。砖封门根据修筑时方法不同又可分为平砖错缝、平砖对缝、平砖斜侧立等几种形式，其中以平砖错缝为主。

表一

墓号	方向（度）	形制	封门	葬具	葬式	随葬品（件）	时代	备注
M1	178	竖穴墓道土洞墓	土坯	木棺	合葬仰身直肢葬	无	不详	盗扰
M2	180	竖穴土坑墓	无	木棺	合葬仰身直肢葬		不详	盗扰
M3	178	斜坡墓道土洞墓	土坯	木棺	单人仰身直肢葬		不详	盗扰
M4	175	斜坡墓道砖室墓	条砖	木棺	不详		西汉	盗扰
M5	272	竖穴土坑墓	无	木棺	单人仰身直肢葬	矮领C罐5、矮领AⅡ罐1、束颈B罐1、AⅠ灶1、A盆1、铁刀1、柿棉纹棺饰1、铜环1（木棺内）	西汉早期	
M6	276	斜坡墓道土洞墓	条砖	不详	不详	无	西汉	盗扰
M7	270	竖穴墓道土洞墓	木板	木棺	单人仰身直肢葬	A缶1、束颈A罐1、矮领AⅡ罐1、陶钫1、Aa灶1、B甑1、A盆1、A鼎1、铜铃3、铜带钩1、半两铜钱1	西汉早期	盗扰
M8	270	斜坡墓道砖室墓	条砖	木棺	不详	无	西汉	盗扰
M9	260	斜坡墓道土洞墓	木板	木棺	单人仰身直肢葬	扣饰2、衔镳1、铺首衔环1、盒（残）1、盖弓帽8、铜饰3、辖軎1、泡钉5、柿棉纹棺饰6、铜镜2、铜套饰1、铜镜2、铜镜刷1、铃形饰1、铁削1、五铢、铜勺1、铜盆1、印章1、漆盒（残）、陶钫1、陶盒1、盒盖1、束颈A罐1、束颈D罐1、矮领AⅠ罐3、B缶1、A鼎1、AⅠ灶1、B盆1、B甑1	西汉中期	盗扰
M10	276	斜坡墓道砖室墓	条砖	木棺	单人仰身直肢葬	矮领AⅠ罐2、束颈C罐2、陶樽1、陶盒（残）2、A壶1、陶仓5、铜镜1、铜钱（五铢）、AⅡ灶1、B盆1、B甑1、鼻塞1	西汉中晚期	盗扰
M11	270	斜坡墓道土洞墓	木板	木棺	单人仰身直肢葬	陶仓(残)2、铜镜1、铜钱（五铢）、柿棉纹棺饰6、铁削（残）1、A壶1、陶盒2、束颈C罐1、矮领AⅡ罐2、陶钫1、A鼎1	西汉中期	
M12	270	斜坡墓道土洞墓	条砖	木棺	单人侧身直肢葬	矮领C罐1、AⅡ灶1、B盆1、A甑1、铜钱（大泉五十）8	新莽时期	盗扰
M13	177	斜坡墓道土洞墓	条砖	木棺	仰身直肢合葬	矮领C罐1、矮领AⅡ罐3、AⅡ灶1、B甑2、B壶（残）1、陶樽（残）1、陶甑3、陶釜1、B鼎1、陶盒（残）1、铁釜1、带钩（残）1、铜镜1、铜钱（五铢）枚、铜盆1、铁剑1、铁刀1、铁削1、玉剑格1、玉剑璏1、口琀1、鼻塞2	西汉中晚期	
M14	91	斜坡墓道砖室墓	条砖侧立	不详	不详	无	西汉	盗扰
M15	89	斜坡墓道土洞墓	木板	木棺	单人侧身直肢葬	矮领B罐1、矮领AⅡ罐3、B灶1、A甑1、樽1、熏炉1、陶仓3、B鼎（残）2、陶盒2、铜镜1、铜带钩2、口琀1、铁刀2、铁灯1、A壶1、铜钱66、带扣1、铁削1	西汉中晚期	
M16	100	斜坡墓道砖室墓	条砖	不详	单人仰身直肢葬	陶樽1、陶盒2、矮领AⅡ罐3、束颈B罐1、B鼎1、铜镜1、铁剑1、铁削1、石砚1、石研1、银饰1、铜钱（五铢）、鼻塞1、陶仓6、A甑1、B盆1、陶灯1、陶釜1、泥球22、B壶1、铁釜1、铜弩机1、口琀1	西汉中晚期	盗扰

续表

M17	95	斜坡墓道砖室墓	条砖	不详	不详	A壶（残）1、B鼎（残）1、铜弩机1、铜钱10、陶盒（残）2、矮领AⅠ罐2、矮领AⅡ罐2、铁釜1、A甑1、B盆1	西汉中晚期	盗扰
M18	0	竖穴土坑墓	无	木棺	单人仰身曲肢葬	陶盂1、陶罐1、陶鬲（残）1、玉饰1、玉玦2、贝形饰1	春秋中期	
M19	176	竖穴墓道土洞墓	无	木棺	仰身直肢合葬	无	不详	
M20	176	竖穴墓道土洞墓	无	无	无		不详	
M21	177	竖穴墓道土洞墓	土坯砖	木棺	单人仰身直肢葬	铜簪1、铜环1	不详	
M22	178	竖穴墓道土洞墓	不详	木棺	仰身直肢合葬	铜钱1（祥符元宝）	北宋	
M23	0	竖穴土坑墓	不详	木棺	单人仰身直肢葬	无	不详	
M24	182	竖穴墓道土洞墓	不详	木棺	仰身直肢合葬		不详	
M25	0	竖穴土坑墓	无	木棺	单人仰身曲肢葬		春秋中晚期	
M26	0	竖穴土坑墓	无	木棺	单人仰身直肢葬	陶罐1、铜钱1（治平元宝）	北宋	
M27	180	竖穴墓道土洞墓	不详	不详	仰身直肢合葬	双耳罐1	唐	
M28	182	竖穴墓道土洞墓	不详	木棺	单人仰身直肢葬	无	不详	
M29	180	竖穴墓道土洞墓	不详	不详	不详	铜钱1（景元通宝）	唐	
M30	0	竖穴土坑墓	无	不详	单人仰身曲肢葬	无	春秋中晚期	
M31	180	竖穴墓道土洞墓	不详	不详	单人仰身直肢葬		不详	
M32	180	竖穴墓道土洞墓	不详	不详	不详		不详	
M33	5	竖穴土坑墓	无	木棺	单人仰身直肢葬	骨饰3、铜钱1（乾隆通宝）	清	
M34	175	竖穴墓道土洞墓	无	木棺	迁葬	无	不详	墓室等宽于墓道
M35	178	竖穴墓道土洞墓	不详	木棺	迁葬		不详	
Y1	170					由窑道、窑室（窑门、火塘、窑床、烟道）两部分组成，可辨器形有陶盆、陶罐、陶甑、板瓦等	西汉中晚期	

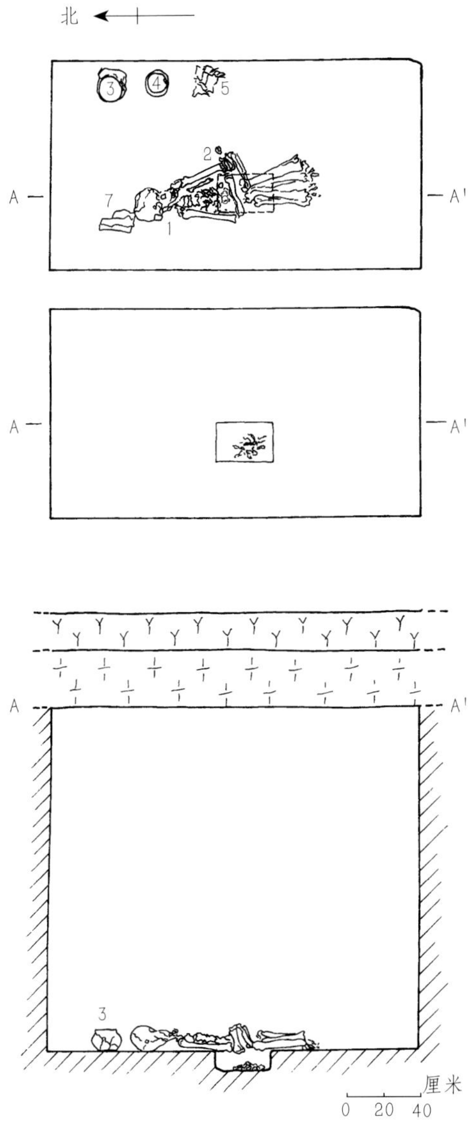

1.玉玦 2.贝形饰 3.陶盂 4.陶罐 5.残陶鬲 6.玉饰 7.残陶器

图二 M18平、剖面图

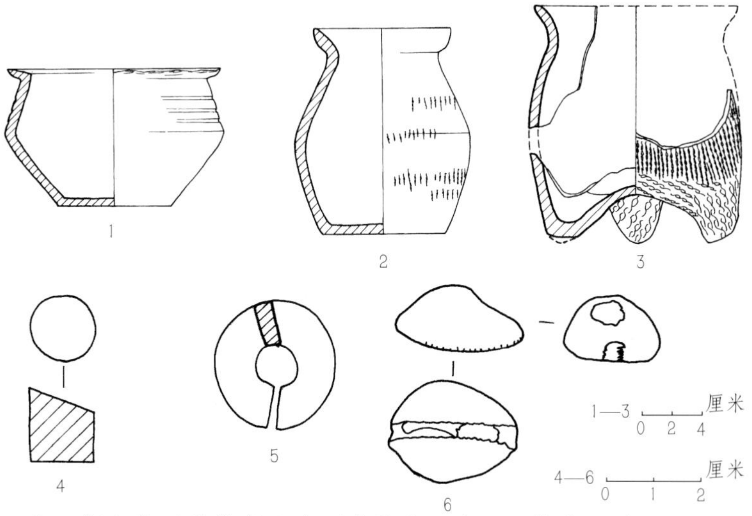

1.陶盂（M18:3） 2.陶罐（M18:4） 3.陶鬲（M18:5） 4.玉饰（M18:6）
5.玉玦（M18:1—1） 6.贝形饰（M18:2）

图三 M18出土器物

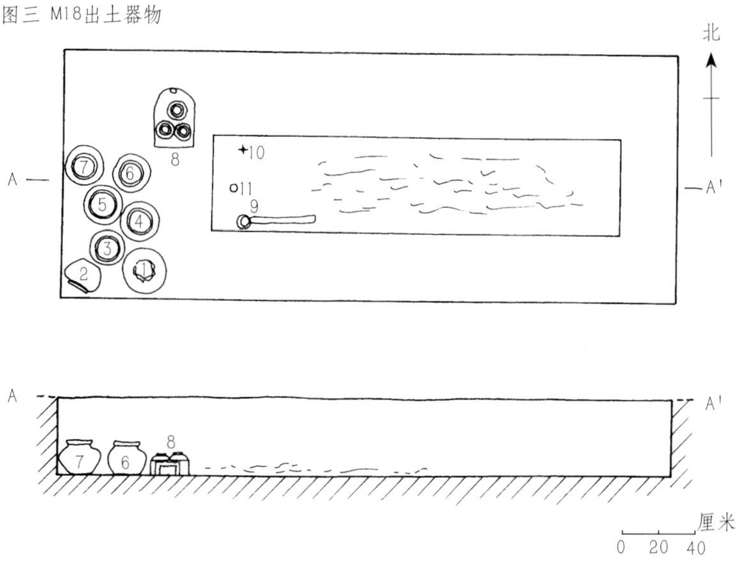

1—7.陶罐 8.陶灶 9.铁刀 10.柿楴纹棺饰 11.铜环

图四 M5平、剖面图

葬具除个别不详之外，均为木棺。葬式有单人仰身直肢葬和单人侧身直肢葬（M12、M15），其中以单人仰身直肢葬为主。夫妻合葬墓1座。

（二）出土器物

出土的210件(不含铜钱)器物,按质地可分陶器、铜器、铁器、玉石器，其中以陶器为大宗。

1.陶器 117件。陶质可分为泥质灰陶、红胎釉陶两种。器类主要有鼎、盒、钫、壶、鬲、盂、罐、樽、仓、灶、熏炉、釜、甑、盆等。制法有轮制、模制和手制。陶器以素面为主，其次为凹弦纹，个别泥质陶器上绘有彩绘。

鼎 6件，其中2件无盖，泥质灰陶或红胎釉陶。盖弧形顶（顶上有钮），或浅覆钵形矮圈足捉手，子母口，器身敛口，圜底，底附有三蹄形足。腹上部有对称耳，外撇，腹中部有一周凸弦纹。依据腹部的不同可分二型。

A型 2件，浅弧腹。标本M7:6，盖顶饰有红白彩绘的变形卷云纹，腹部饰红白相间的环带。口径14厘米、腹径15.2厘米、足高4.8厘米、通高14.6厘米（图十，1；图二十七）。

B型 4件，深弧腹。标本M13:34，口径13.2厘米、腹径16厘米、足高7厘米、通高16.2厘米（图十，2）。

盒 11件，其中2件无盖，泥质灰陶或红胎釉陶。

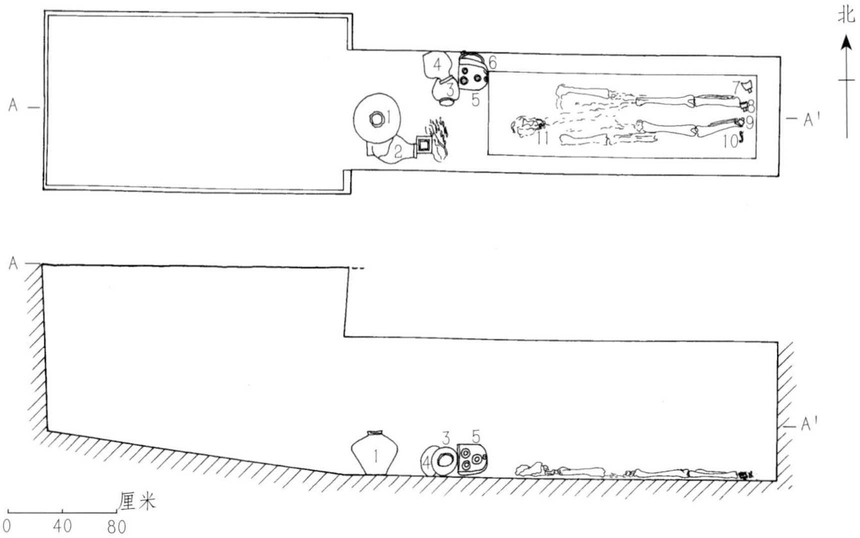

1—3.陶罐 4.陶钫（带盖） 5.陶灶 6.陶鼎（带盖） 7—9.铜铃 10.带钩 11.铜钱

图五 M7平、剖面图

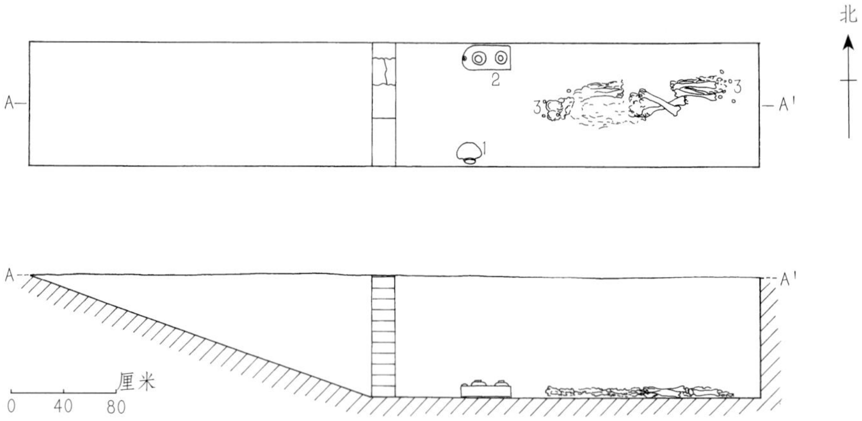

1.陶罐 2.陶灶 3.铜钱

图六 M12平、剖面图

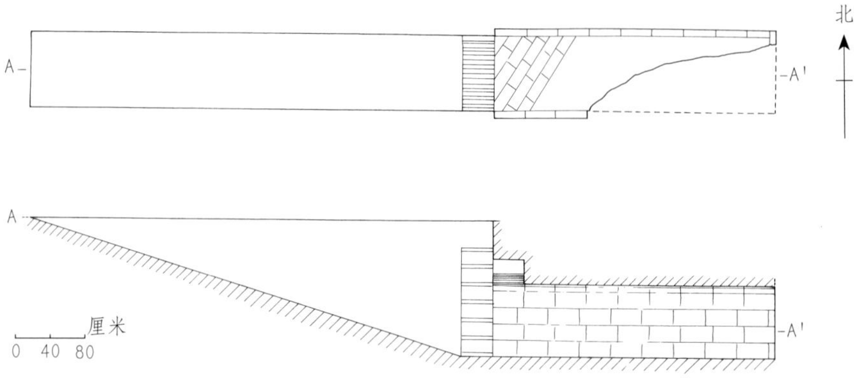

图八 M8平、剖面图

盖，子母口，弧形顶或浅覆钵形顶矮圈足捉手。器身，敛口，弧腹，平底或稍内凹，个别器身、器盖饰有白色彩绘（已脱落）。标本M9:2，口径15.2厘米、腹径16.4厘米、底径9.6厘米、盖高5厘米、器身高8.8厘米、通高13.8厘米(图十,3)。

壶 6件，泥质灰陶或红胎釉陶。侈口，平沿，唇部加厚，束颈，弧肩，鼓腹，腹部最大径在二分之一处。肩、颈结合部饰有三道凹弦纹，腹部粘贴一对铺首。依足的差异分二型。

A型 4件，假圈足。标本M15:1，口径13.8厘米、腹径27.6厘米、底径18.6厘米、高35.7厘米（图十，4；图二十八）。

B型 2件，平底。标本M16:31，腹部饰有两组（每组一周麻点纹）。口径13.8厘米、腹径25.2厘米、底径16.8厘米、通高45厘米（图十，5；图二十九）。

钫 3件（复原2件），泥质灰陶。由器身和器盖组成，覆斗形盖，子母口，身剖面呈方形，侈口，束颈，鼓腹，方圈足。饰有红白色彩绘，腹部多饰有云气纹。标本M9：1，盖边长10.8厘米、口边长10.2厘米、腹边长27厘米、足边长10.5厘米、足高3厘米、通高32.4厘米（图十，6）。

罐 47件（复原31件）。其中釉陶罐8件，依颈部的不同可分小口束颈罐、大口矮领罐二类。

小口束颈罐：9件，其中1件口部残，泥质灰陶。侈口、平沿、弧肩或鼓肩、鼓腹、平底或内凹。依唇部的差异可分四型。

A型 2件，凹唇，素面。标本M9:4，口径8厘米、腹径16.8厘米、底径10.8厘米、高16厘米(图十,7)。

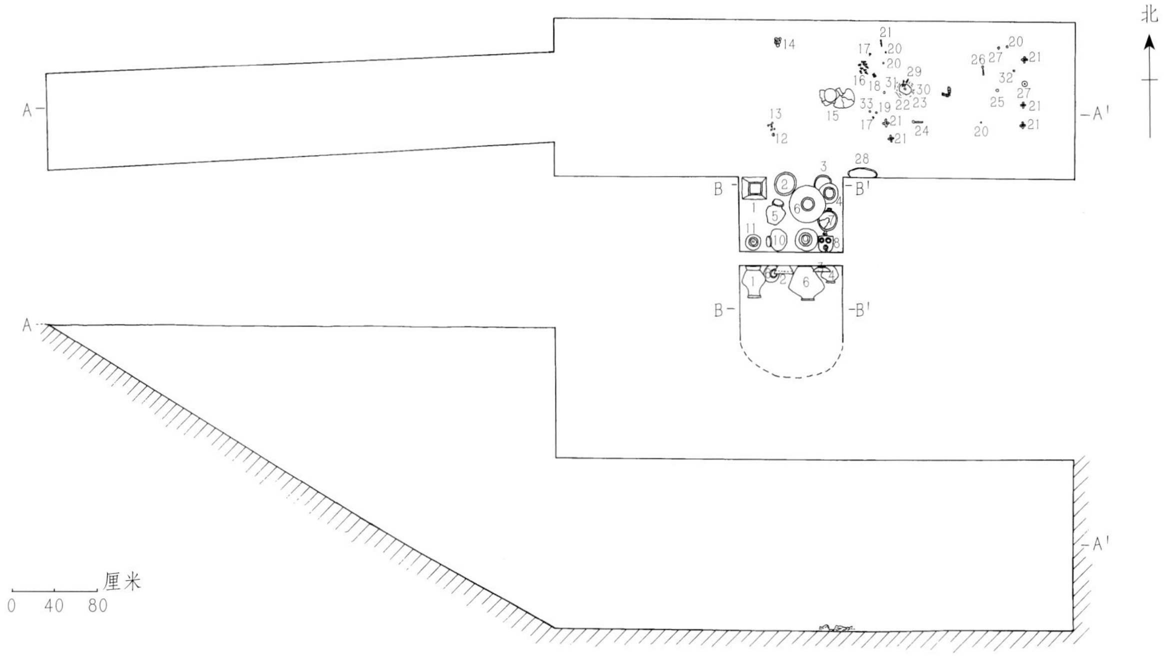

1.陶钫 2.陶盒 3.陶盒盖 4、5、9—11.陶罐 6.陶缶 7.陶鼎 8.陶灶 12、27.铜扣饰 13.衔镳 14.铺首衔环 15.残陶盒 16.盖弓帽 17、19、33.铜饰 18.辖軎 20.泡钉 21.柿帲纹棺饰 22、23.铜镜 24.铁削 25.铜钱 26.铜勺 28.铜盆 29、31.铜镜刷 30.铃形饰 32.铜印章

图七 M9平、剖面图

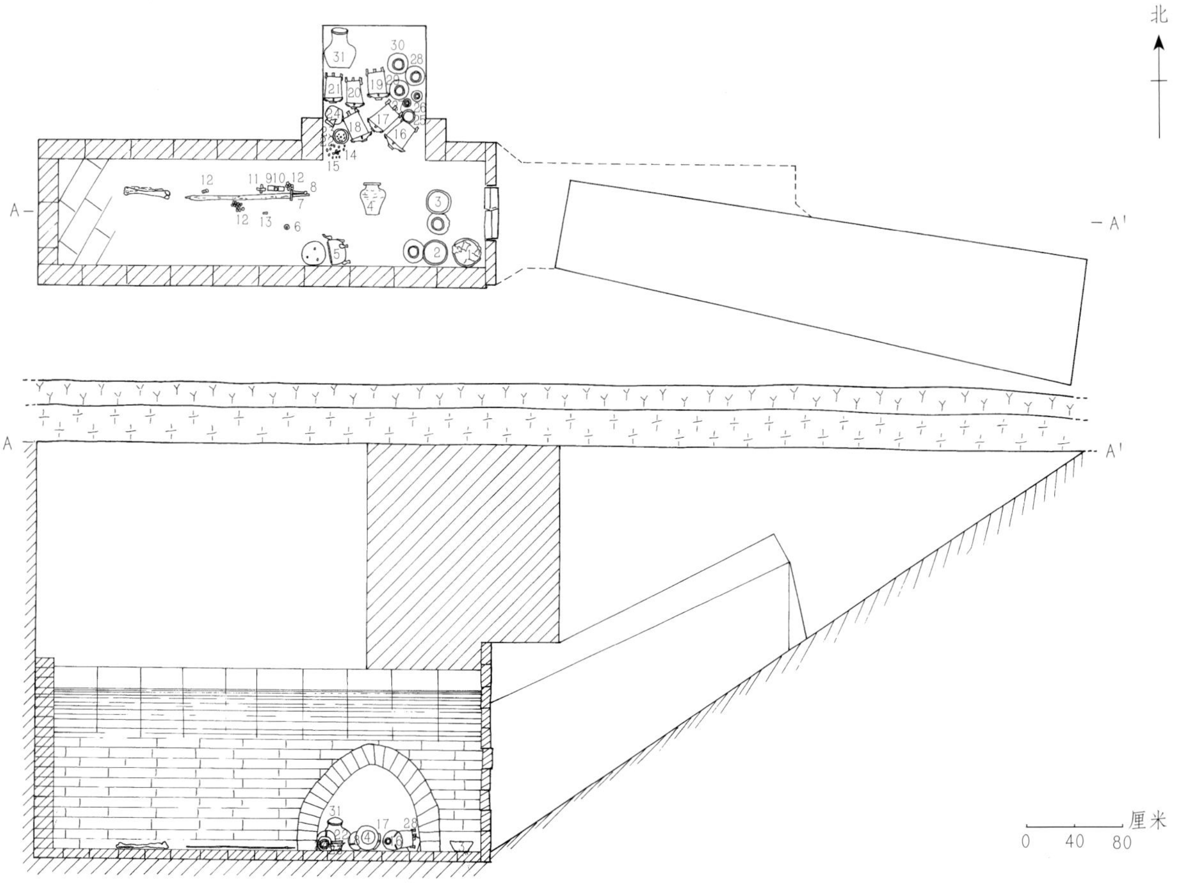

1.陶樽（残） 2、3、23.陶盒 4、24、28—30.陶罐 5.陶鼎 6.铜镜 7.铁剑 8.铁削 9.石研 10.石砚 11.银饰 12.铜钱 13.鼻塞 14.弩机 15.泥球 16—21.陶仓 22.陶甑 25.陶灯 26.铁釜 27.陶釜 31.陶壶

图九 M16平、剖面图

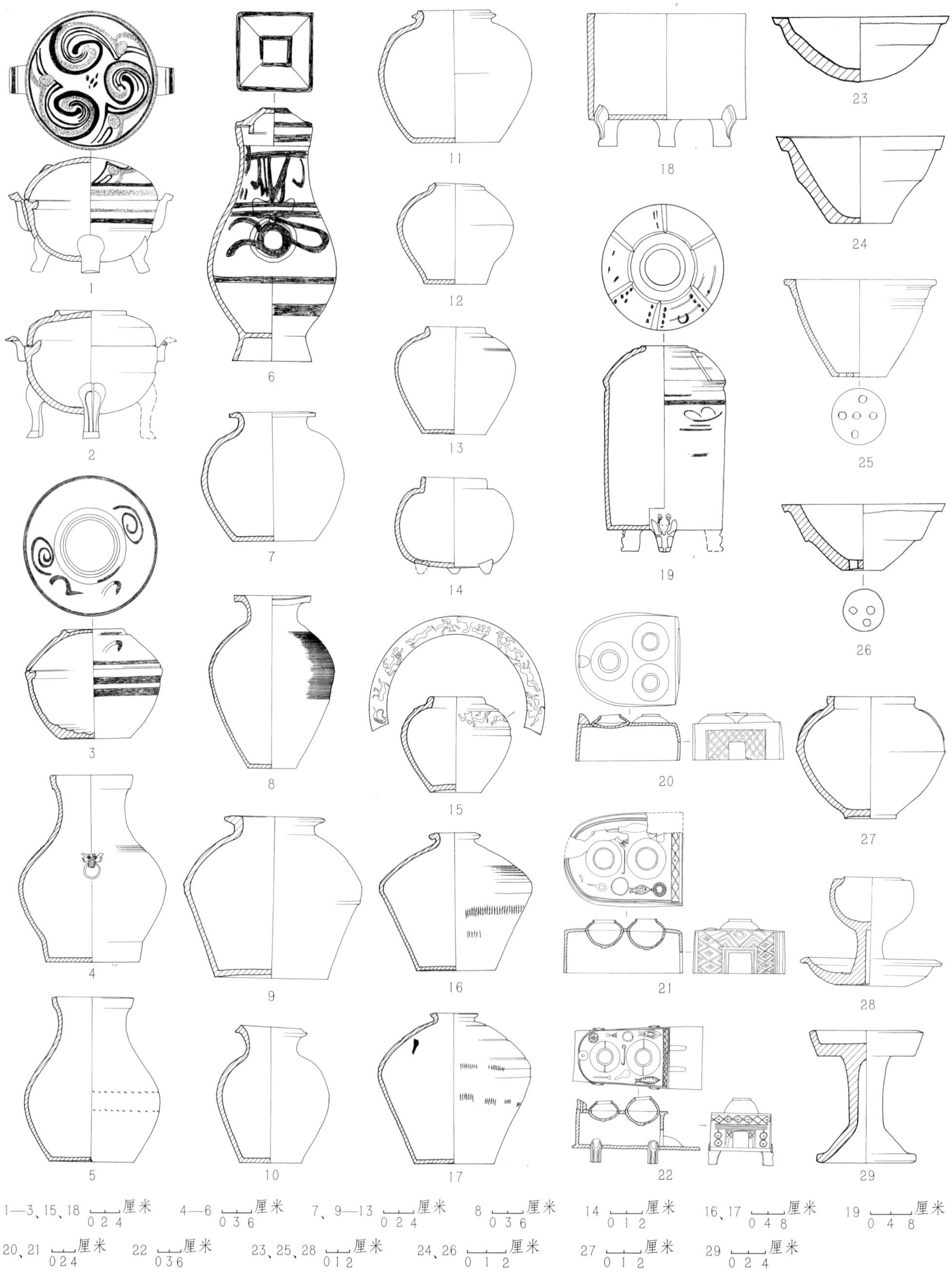

1、2.鼎（M7:6、M13:34） 3.盒（M9:2） 4、5.壶（M15:1、M16:31） 6.钫（M9:1） 7—15.罐（M9:4、M16:4、M11:6、M9:9、M9:10、M16:28、M15:10、M13:33、M12:1） 16、17.缶（M7:1、M9:6） 18.樽（M16:1） 19.仓（M11:11） 20—22.灶（M9:8、M10:16、M15:16） 23、24.盆（M5:12、M12:3） 25、26.甑（M16:22、M10:19） 27.釜（M16:27） 28.熏炉（M15:3） 29.灯（M16:25）

图十 西汉墓出土陶器

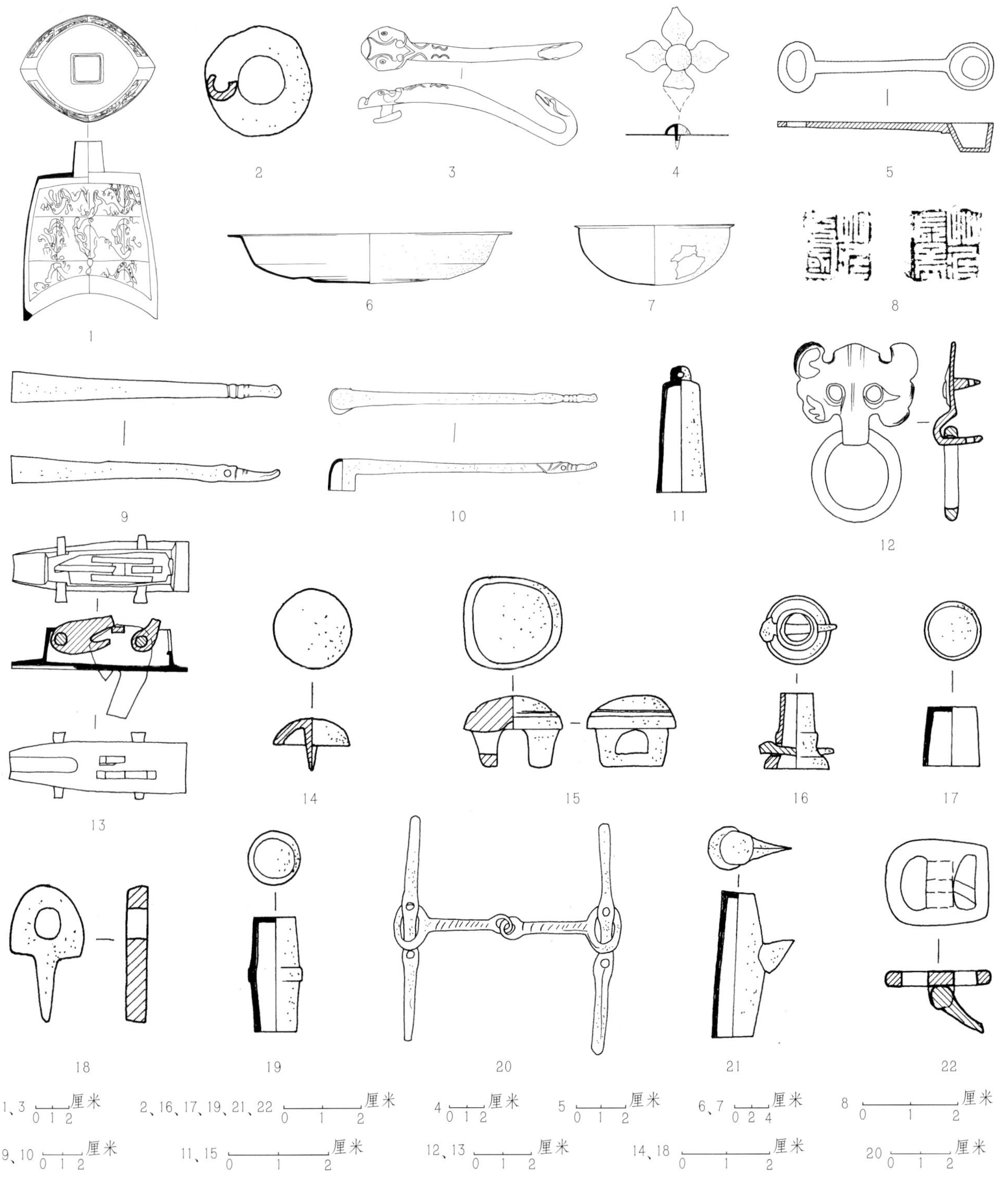

1.铜铃（M7:8） 2.铜环（M5:13） 3.带钩（M13:23） 4.柿蒂纹棺饰（M9:21—1） 5.铜勺（M9:26） 6、7.铜盆（M9:28、M13:3） 8.印章（M9:32） 9、10.镜刷（M9:29、M9:31） 11.铃形饰（M9:30） 12.铺首衔环（M9:14） 13.弩机（M16:14） 14.泡钉（M9:20） 15.扣饰（M9:27） 16.辖軎（M9:18） 17—19.铜饰（M9:19、M9:33、M9:17） 20.衔镳（M9:13） 21.盖弓帽（M9:16—1） 22.带扣（M15:28）

图十一 西汉墓出土铜器

B型 2件，方唇或斜方唇。标本M16:4，平沿，肩、腹部饰有密集的凹弦纹。口径10.8厘米、腹径23.4厘米、底径9厘米、高32.1厘米（图十，8）。

C型 2件，尖唇，腹部有一周环带，素面，平底内凹。标本M11:6，口径8厘米、腹径27.2厘米、底径14.8厘米、高20厘米（图十，9）。

D型 2件，双唇。标本M9:9，口径7.2厘米、腹径15.2厘米、底径8厘米、高17厘米（图十，

图十二 西汉墓出土铜镜（M9:23、M11:12、M9:22、M15:17）

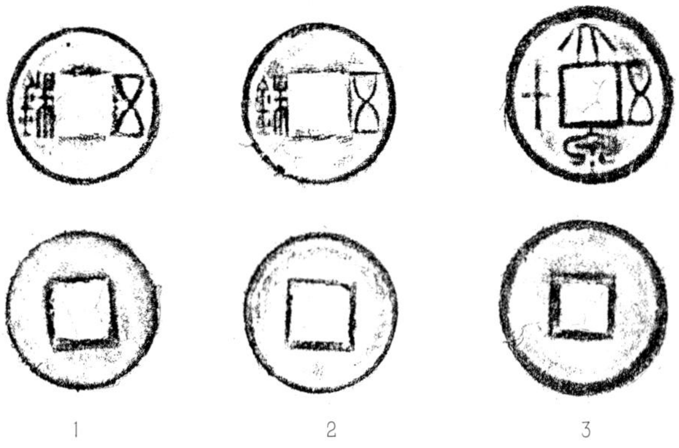
1、2.五铢（M17:1、M13:2） 3.大泉五十（M12:5）

图十三 西汉墓出土铜钱

10)。

大口矮领罐：38件，泥质灰陶或红胎釉陶。侈口或直口，鼓肩，弧腹，平底或内凹，依唇部的差异可分三型。

A型 26件，双唇，素面，个别饰有凹弦纹。依唇的变化分二式。

Ⅰ式：双唇明显。标本M9:10，口径8.4厘米、腹径18厘米、底径8厘米、高16.4厘米（图十，11）。

Ⅱ式：双唇不明显。标本M16:28，口径5.2厘米、腹径13.2厘米、底径8厘米、高12.4厘米（图

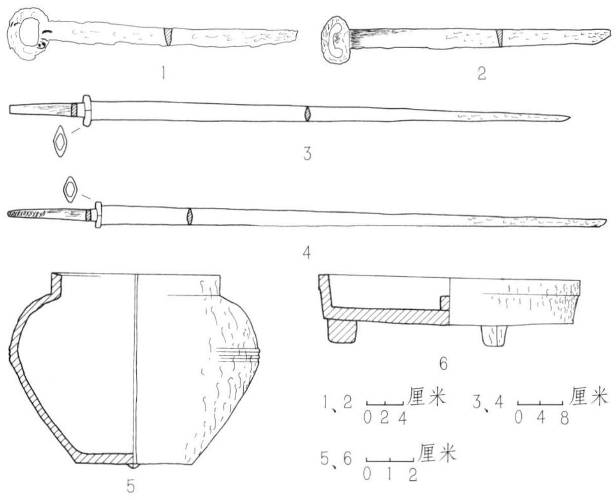

1、2.削（M13:26、M15:14） 3、4.剑（M13:4、M16:7）
5.釜（M13:17） 6.灯（M15:8）

图十四 西汉墓出土铁器

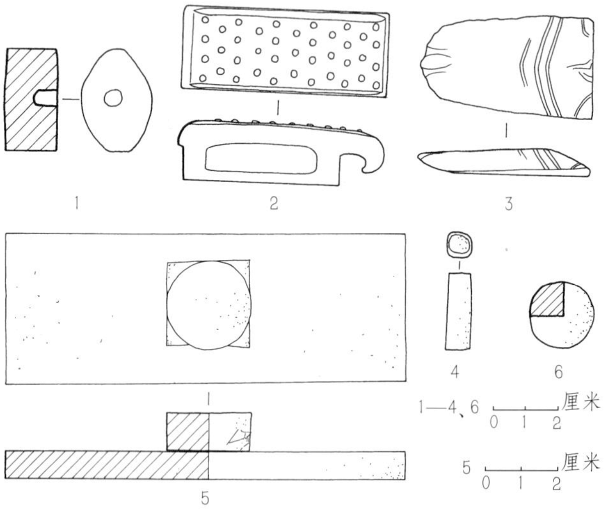

1.剑格（M13:25） 2.剑璏（M13:24） 3.口琀（M16:32） 4.鼻塞（M16:13） 5.石砚、石研（M16:10、M16:9） 6.泥球（M16:15）

图十五 西汉墓出土玉石器

十，12；图三十）。

B型 10件，尖唇。标本M15:10，口径7.2厘米、腹径14.4厘米、底径8厘米、高13.2厘米（图十，13）。

C型 2件，圆唇。标本M13:33，底附有三钮形足。口径3.6厘米、腹径8厘米、通高6厘米（图十,14）。标本M12:1,腹部两道凸棱纹之间模印山峦、奔兽。口径5.6厘米、腹径13.2厘米、底径6.8厘米、高12.4厘米（图十，15）。

缶 2件，泥质灰陶。小口、平沿、方唇或尖唇、斜广肩或鼓肩，下腹急内收，小平底，肩饰暗弦纹，

腹部饰绳纹。依腹部的不同而分为二型。

A型 肩、腹之间的夹角小于90°。标本M7:1，口径7.2厘米、腹径34.4厘米、底径19.2厘米、高32厘米（图十，16；图三十二）。

B型 肩、腹之间的夹角大于90°。标本M9:6，口径8厘米、腹径34.4厘米、底径17.6厘米、高34.8厘米（图十，17）。

樽 4件，泥质灰陶或红胎釉陶。直口，方唇，直筒深腹，平底，蹄形足。标本M16:1，口径19.2厘米、腹径19.2厘米、底径21.6厘米、足高5.4厘米、通高17.4厘米（图十，18；图三十三）。

仓 22件，泥质灰陶或红胎釉陶。小口，圆唇，绕口一周有环状台面，之下均匀布置四或六道竖棱。稍出檐或折肩，直筒腹，平底，底附三踞熊形足的圆腹仓，腹部饰有三组（每组三或四道）凹弦纹。标本M11:11，口径6.4厘米、腹径22.4厘米、足高4厘米、通高38厘米（图十，19）。

灶 6件，泥质灰陶。灶面有模印炊具、食物等，尾部有圆锥形烟囱，方形落地灶门，顶部及两侧模印菱形几何纹。依灶体的平面形状，可分二型。

A型 5件，前方后圆，呈马蹄形。依灶面釜的多少分二式。

Ⅰ式：2件，三釜，灶面三釜呈“品”字形布置。标本M9:8，长17.4厘米、宽15.4厘米、高7.4厘米（图十，20）。

Ⅱ式：3件，两釜，灶面釜前后布置。标本M10:16，长20厘米、宽15.4厘米、高8.8厘米（图十，21；图三十四）。

B型 1件，呈长方形，灶面两釜前后布置。灶面模印炊具、食物等，前端模印菱形方格纹，尾部有圆锥形烟囱，方形落地灶门，顶部及两侧模印菱形几何纹及炊具。标本M15:16，灶底前端伸出一平台，平台之上灶门两侧有对称矮墙，底附四方柱形足。灶面长23.1厘米、宽12—15厘米，底板长32.1厘米、宽12—15.3厘米，足高5.7厘米，通高16.2厘米（图十，22；图三十五）。

盆 7件，泥质灰陶。侈口，平沿，方唇或尖唇，折腹或弧腹。依底的差异可分二型。

A型 2件，圜底。标本M5:12，口径5.2厘米、高4.4厘米（图十，23）。

B型 5件，平底。标本M12:3，口径6.8厘米、底径3厘米、高4.1厘米（图十，24）。

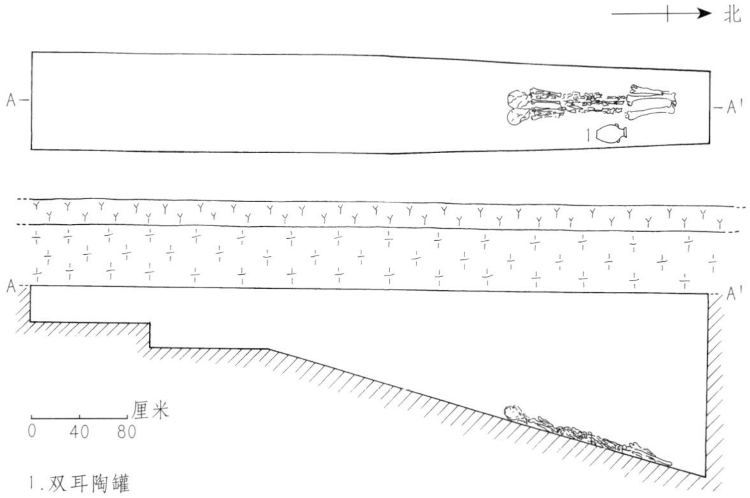

1.双耳陶罐

图十六 M27平、剖面图

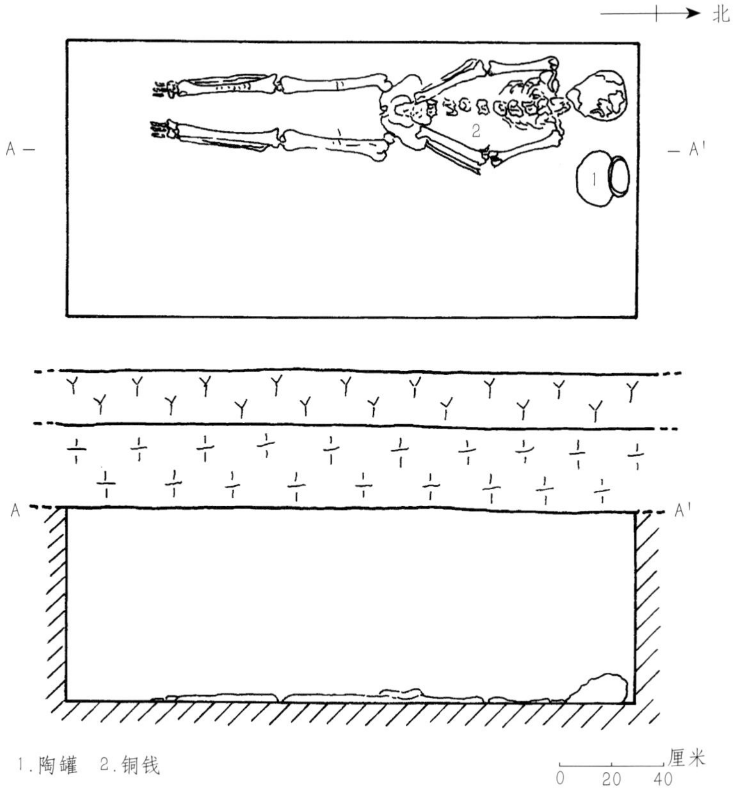

1.陶罐 2.铜钱

图十七 M26平、剖面图

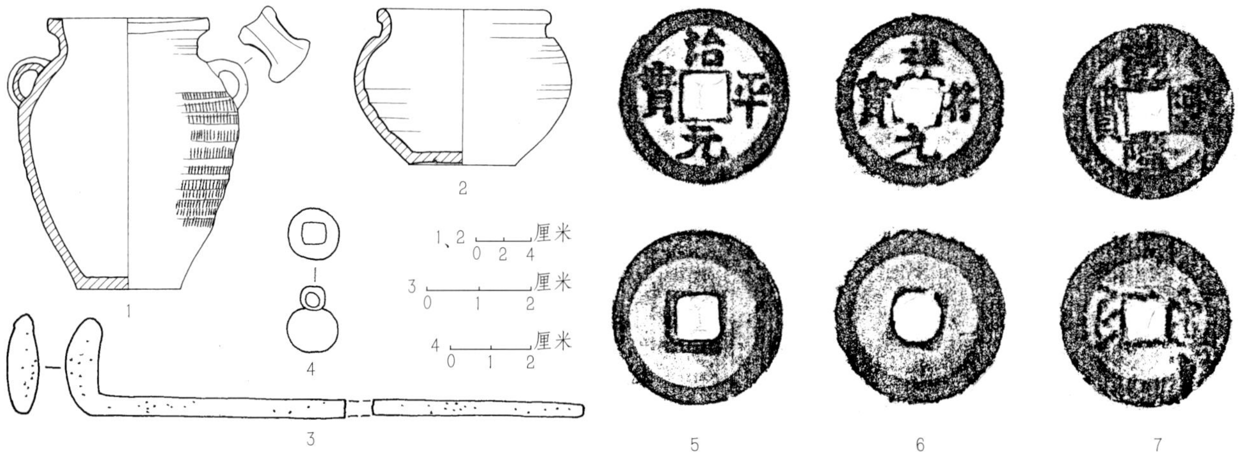

1、2.陶罐（M27:2、M26:2） 3.铜簪（M27:1） 4.骨饰（M33:2—1） 5.治平元宝（M26:1） 6.祥符元宝（M22:1） 7.乾隆通宝（M33:1）

图十八 唐、宋、清墓出土器物

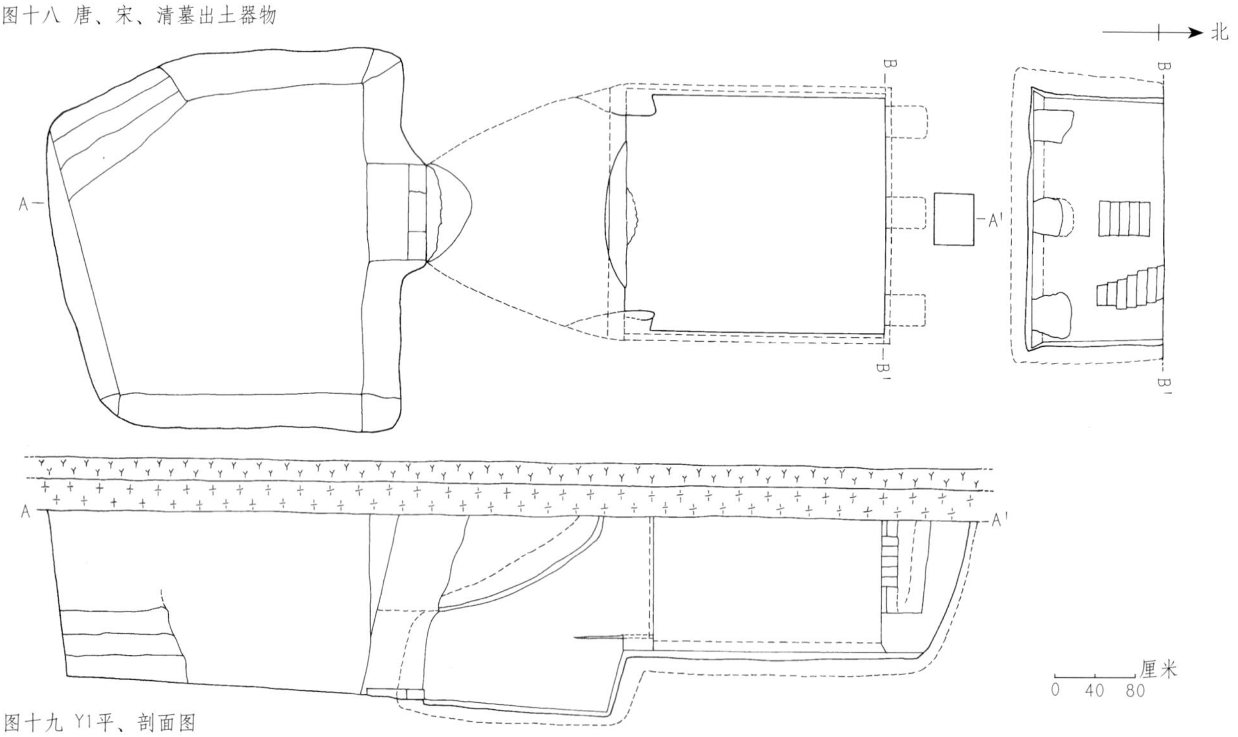

图十九 Y1平、剖面图

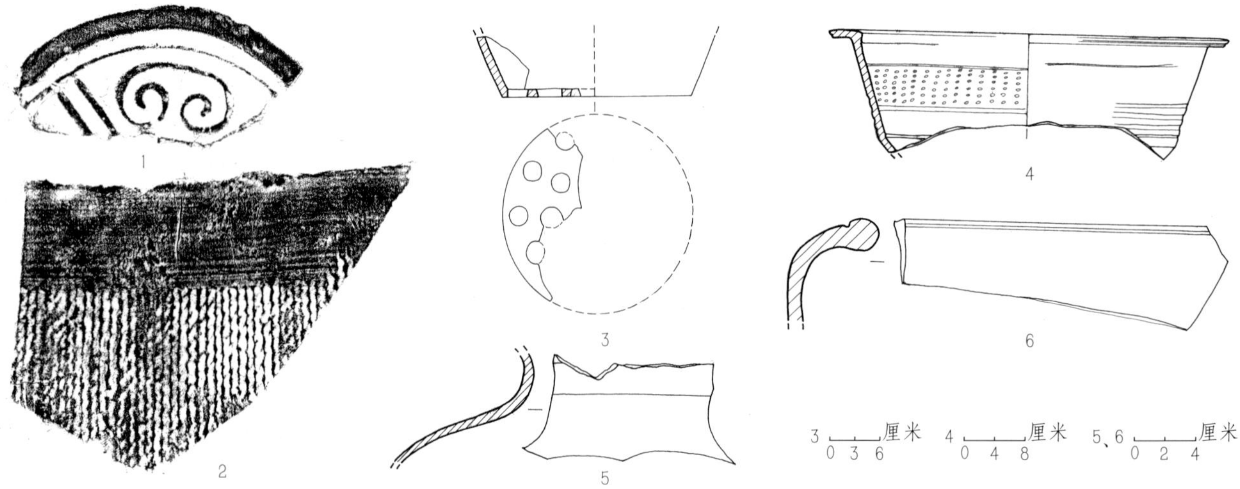

1.瓦当（Y1:2） 2.筒瓦（Y1:5） 3.陶甑（Y1:6） 4.陶盆（Y1:1） 5.陶罐（Y1:3） 6.陶瓮（Y1:4）

图二十 Y1出土器物

甑　9件，泥质灰陶。侈口，平沿，方唇，小平底，底部分别有三、四、五、七圆形箅孔。依腹的差异可分二型。

A型　4件，腹壁斜直。标本M16:22，口径10.6厘米、底径4.6厘米、高7.9厘米（图十，25；图三十六）。

B型　5件，折腹。标本M10:19，口径6厘米、底径2厘米、高3.1厘米（图十，26；图三十七）。

釜　1件，标本M16:27，小口，平沿，直领，鼓肩，腹部有道折棱，深弧腹壁，矮圈足。口径4.2厘米、底径2.8厘米、高6.7厘米（图十，27；图三十八）。

熏炉　1件。标本M15:3，无盖，小敛口，鼓腹，柄中空，圜底。底座侈口，斜平沿，圆唇，平底。轮制。口径4.6厘米、腹径6厘米、柄径1厘米、高8.8厘米（图十，28；图三十九）。

灯　1件。标本M16:25，轮制，侈口，平沿，浅腹，粗柄，喇叭形圈足，足及柄中空。口径11.6厘米、柄径3.6厘米、足径11.2厘米、通高14.6厘米（图十，29；图四十）。

2. 铜器　316件。器类有铜铃、铜环、带钩、柿蒂纹棺饰、铜盆、印章、辖軎、铜勺、镜刷、铃形饰、铺首衔环、弩机、泡钉、扣饰、铜饰、带扣、铜镜、铜钱等。

铜铃　3件。形制相同，平顶，上有四方柱形钮，钮中空，体较扁，上窄下宽，两铣下垂，内有舌，钲部饰有对称卷云纹。标本M7:8，宽7.8厘米、高9.8厘米（图十一，1）。

铜环　1件。标本M5:13，圆形环，外径2.6厘米、断面径0.8厘米（图十一，2）。

带钩　4件。形制相同，曲棒形，断面半圆形，钩首较直，尾部有圆柱帽形钮。标本M13:23，通长12.7厘米（图十一，3）。

柿蒂纹棺饰　15件。形制相同，柿蒂形，中间起泡。标本M9:21—1，蒂叶对角长6厘米、泡径直

图二十一　M18现场

图二十二 M5现场

图二十三 M7现场

图二十四 M12现场

图二十五 M9现场

标本 M13:3，局部残，深弧腹，圜底。口径16厘米、腹径14厘米、高6.2厘米（图十一，7）。

印章 1方。标本M9:32，印体方形，正反两面篆文“庄充国庄长孟”6字，无钮。印体边长1.1厘米、厚0.6厘米（图十一，8）。

镜刷 2件。标本M9：29，柄部作龙首形，有一圆孔作穿系之用，刷头管状，中空。长8.3厘米、刷头径1.3厘米（图十一，9）。标本M9:31，烟斗形，柄首略细，有小圆孔，当为穿系之用，刷头似烟斗形，中空。长13.2厘米、刷头径1.4厘米（图十一，10）。

铃形饰 1件。标本M9:30，圆筒状，口端稍大，顶端有半环形钮。直径1.2厘米、高3厘米（图十一，11）。

铺首衔环 1件。标本M9:14，铺首为一兽首，圆眼，宽眉，眉头上凸，两角上卷，半环形鼻，鼻衔一铜环。背部有片状榫头，上有一小圆孔。兽面宽3.9厘米、高3.3厘米、环径3厘米（图十一，12）。

弩机 2件。形制相同。仅存郭、望山、勾心、键。标本 M16:14，郭长5.8厘米、宽0.9—1.6厘米、高3.2厘米（图十一，13）。

泡钉 5件。标本M9:20—1，泡径1.6厘米、

径1.6厘米、钉（残）长0.3厘米（图十一，4）。

铜勺 1件。标本M9:26，环首柄，长柄末端有圆形斗。环径1.4厘米、勺径1.5厘米、通长8.6厘米（图十一，5）。

铜盆 2件，敞口、平沿、尖唇。标本M9:28，浅折腹，平底，底部有一圈凸棱。口径28厘米、腹径26厘米、底径13.2厘米、高5厘米（图十一，6）。

钉长 0.5 厘米（图十一，14）。

扣饰　2 件。标本 M9:27，帽状，下有双方形环钮。帽径 1.2 厘米、高 0.9 厘米（图十一，15）。

辖軎　1 件。标本 M9:18，出土时辖穿在辖孔内，軎呈喇叭筒状，器外中部有一周凸棱，近大端处有辖孔。軎最大径 1.6 厘米、最小径 0.8 厘米、高 1.8 厘米、辖长 1.9 厘米（图十一，16）。

铜饰　3 件。标本 M9：19，柱状结构，直径 0.9 厘米、高 0.7 厘米（图十一，17）。标本 M9:33，钉形，上部有半环状钮，长 1.4 厘米（图十一，18）。标本 M9:17，柱状结构，中空，中部有一凸棱。直径 0.5 厘米、高 1.9 厘米（图十一，19）。

衔镳　1 件。标本 M9:13，衔，两节连成，每节两端为环形，相互咬合，长 7.1 厘米。镳，略呈桨叶状，中间有两个小穿，长 6.8 厘米（图十一，20）。

盖弓帽　8 件。形制相同，圆筒形，中空，一端为平顶，一侧有倒刺。标本 M9:16—1，直径 0.5 厘米、长 1.8 厘米（图十一，21）。

带扣　1 件。标本 M15：28，前方后圆，中间有一舌。长 2.6 厘米、宽 1.7—2 厘米（图十一，22）。

铜镜　7 面。

日光铭带镜：4 面。圆形，半圆钮，圆钮座，宽素平沿，镜面微凸，钮座外饰三周凸弦纹，外有字体为篆隶式变体的“见日之光，天下大明或长毋相忘”铭文带，外饰有一周短斜线纹，字与字之间有短弧线符号。标本 M9:23，面径 7.1 厘米、背径 7 厘米、钮高 0.6 厘米、钮宽 1 厘米、缘宽 0.6 厘米、肉厚 0.2 厘米（图十二，1）。

图二十六 M16现场

昭明连弧铭带镜：1 面。标本 M11:12，圆形，半圆钮，镜面微凸，宽素平沿。钮座外圆均匀地向外伸出四短弧线条，间饰月牙纹，其外为内向八连弧纹，之外两周短斜线纹间有篆隶式变体的“内而清而以而昭而明，光而象而日”铭文。面径 6.8 厘米、背径 6.6 厘米、钮高 0.6 厘米、钮宽 1.1 厘米、缘宽 0.6 厘米（图十二，2）。

星云纹镜：1 面。标本 M9:22，圆形，镜面微凸，连峰钮，圆钮座，内向十六连弧纹缘。座外一周凸弦纹和一周内向十六连弧纹，之外两周短斜线纹间为主纹，四枚带圆座乳钉间各饰有七枚小乳，每枚小乳由长短不同的弧线相连接。面径 14.8 厘米、背径 14.4 厘米、钮高 1.2 厘米、钮宽 2 厘米、缘厚 0.3 厘米、缘宽 0.4 厘米、肉厚 0.2 厘米（图十二，3）。

禽鸟铭文镜：1 面。标本 M15:17，圆形，镜面微凸，半圆钮，宽素平沿。钮座外圆均匀地向外伸出三短弧线条，间饰月牙纹，之外两周短斜线纹间有隶书“富

图二十七 陶鼎（M7:6）

图二十八 陶壶（M15:1）

图二十九 陶壶（M16:31）

图三十 陶罐（M16:28）

图三十一 陶罐（M15:10）

昌酒（久）乐”铭文，之间分布相向四对禽鸟。面径7厘米、背径6.8厘米、钮高1.1厘米、钮宽1.2厘米、缘宽0.7厘米（图十二，4）。

铜钱 318枚，其中23枚残，分半两、五铢、大泉五十三种。

半两钱：1枚，残。

五铢钱：287枚。圆形方穿，穿背面有郭，部分正面穿上有一横郭或穿下有月牙纹，穿之两侧有篆文“五铢”两字，“铢”字“金”头三角形，四短竖点，“朱”头方折。依“五”字的差异可分二型。

A型 10枚。“五”字较长，交叉两笔较直。标本M17:1，郭径2.5厘米、钱径2.3厘米、穿长1厘米（图十三，1）。

B型 237枚。“五”字宽大，交叉两笔较曲，末端近乎平行。标本M13:2，郭径2.5厘米、钱径2.3厘米、穿长1厘米（图十三，2）。

大泉五十：8枚。圆形，方穿，穿之四侧有篆文“大泉五十”四字。标本M12:5，郭径2.8厘米、钱径2.4厘米、穿长1.1厘米（图十三，3）。

3. 铁器 14件。器类有铁削、铁剑、铁釜、铁灯。

削 9件，其中5件已残。环首柄，直背，直刃，器表残留有木质剑鞘。标本M13:26，长33.6厘米、刃宽0.8—1.2厘米（图十四，1）。标本M15:14，长33.6厘米、刃宽0.8—1.1厘米（图十四，2）。

剑 2件。柄部为长方形，断面菱形，器表有朽木痕迹，当有木质剑鞘，铜质菱形剑格。标本M13:4，长96厘米、宽0.3—0.8厘米（图十四，3）。标本M16:7，长104厘米、宽0.4—0.8厘米（图十四，4）。

釜 2件。直口，方唇，矮领，鼓肩，弧腹，腹部最大径在二分之一处，下腹内曲，平底。模制。标本M13:17，口径6厘米、腹径14.8厘米、底径4.8厘米、高7.6厘米（图十四，5）。

灯 1件。直口，方唇，浅直腹，腹部有一折棱，平底，底附三足，器内底部中间饰短柱。标本M15:8，口径10.8厘米、腹径9.8厘米、底径10.2厘米、足高0.8、通高2.7厘米（图十四，6）。

4. 玉石器 15件。器类有玉剑格、玉剑璏、口琀、鼻塞、石砚。

剑格　1件。标本M13:25，青玉，断面近似菱形。长2.9厘米、宽1.5厘米（图十五，1）。

剑璏　1件。标本M13:24，青玉，正面长方形，略外弧，两端内卷，背有近长方形穿，正面减底浅浮雕圆圈纹图案。长5.1厘米、宽2.4厘米、厚1.7厘米，穿长3.3厘米、宽0.8厘米（图十五，2）。

口琀　4件。已钙化成白色，蝉形，刻划简单，背部起棱，腹平，尾稍上翘。标本M16:32，长4.1厘米、宽2.9—2.1厘米（图十五，3）。

鼻塞　7件。已钙化成白色，形制相同，长柱状体，上大下小。标本M16:13—1，高1.2厘米、直径0.8厘米（图十五，4）。

石砚　1件。标本M16:10，石质青色，长方形薄片状。长14.3厘米、宽5.1厘米、厚1厘米（图十五，5）。

石研　1件。标本M16:9，上圆下方，直径3厘米、厚1.8厘米（图十五，5）。

5. 其他　主要有泥球，22枚。标本M16:15—1，直径2厘米（图十五，7）。

图三十二　陶缶（M7:1）

图三十三　陶樽（M16:1）

图三十四　陶灶（M10:16）

图三十五　陶灶（M15:16）

图三十六　陶甑（M16:22）

图三十七　陶甑（M10:19）

图三十八　陶釜（M16:27）

图三十九　陶熏炉（M15:3）

图四十　陶灯（M16:25）

图四十一 Y1现场

三 唐、宋、清墓

（一）墓葬形制

5座唐、宋、清墓（M22、M26、M27、M29、M33）。依墓葬形制与特征分竖穴墓道土洞墓、竖穴土坑墓二类。

竖穴墓道土洞墓：3座（M22、M27、M29）。其中M27方向180°。墓道底部两层台阶，长2米、宽0.8米、深1.4米。墓道等宽于墓室。墓室券顶土洞，长3.6米、宽0.5—0.7米。随葬品有双耳罐（图十六）。

竖穴土坑墓：2座（M26、M33）。其中M26方向0°。墓坑长2.14米、宽1米、深1.2米，四壁光滑。随葬品有陶罐、铜钱（治平元宝）（图十七）。

（二）出土器物

共出土9件器物，质地为陶、铜、骨。

陶罐　2件。泥质灰陶。侈口，平沿，方唇，短束颈，弧肩，下腹内曲，小平底。肩部对称分布一对桥形耳，腹部饰有多组凹弦纹，内填竖形绳纹。标本M27：2，口径9.6厘米、腹径14.4厘米、底径8厘米、高19.2厘米（图十八，1）。标本M26：2，侈口，圆唇，短束颈，耸肩，鼓腹，下腹内收，平底稍内凹。器身饰暗弦纹。口径11.2厘米、腹径14.4厘米、底径8厘米、高11.2厘米（图十八，2）。

铜簪　1件。标本M27：1，细长，顶端向上折。长9.6厘米、高1.8厘米（图十八，3）。

骨饰　3枚。球形，上有圆形穿。标本M33：2—1，高1.5厘米（图十八，4）。

铜钱　4枚。

景元通宝：1枚。标本M29：1，残，圆形方穿，穿之四侧楷书“景元通宝”。

治平元宝：1枚。标本M26：1，圆形方穿，穿之四侧楷书“治平元宝”（图十八，5）。

祥符元宝：1枚。标本M22：1，圆形方穿，穿之四侧有楷书“祥符元宝”（图十八，6）。

乾隆通宝：1枚。标本M33：1，圆形方穿，穿之四侧楷书“乾隆通宝”（图十八，7）。

另外13座墓（M1—M3、M19—M21、M23、M24、M28、M31、M32、M34、M35），墓葬形制除竖穴土坑（M2、M23）外，其余均为竖穴墓道土洞墓，

大部分墓道略宽于墓室。葬具为木棺，葬式分为仰身直肢葬合葬（M1、M2、M3、M19、M24），单人仰身直肢葬（M21、M23、M28、M31），迁葬（M34、M35），葬式不详（M20、M32）。由于以上墓葬均未出土随葬品，无法断定其时代，墓葬的年代不详。

四 陶 窑

（一）形制

Y1开口于扰土层下，属于半倒焰式馒头窑。平面呈马蹄形，方向170°。陶窑由操作间、窑门、火膛、窑床、烟囱五部分组成（图十九、图四十一）。

操作间：形状为不规则圆角长方形，口大底小，底部为斜坡状，有踩踏痕迹，西南角仅剩三层台阶，长1.1米、宽0.2—0.3米、高0.2米。包含物有粗绳纹板瓦、筒瓦、砖块及少量的草木灰。上口东西长2.9—3.7米、南北宽3—3.5米，下口东西长1.86—3米、南北宽2.4—2.9米。

窑门：拱顶土洞，底部有条砖封门，仅剩一层。窑门长0.6米、宽0.92米。

火膛：平面呈扇形，低于窑床。内壁为青灰色烧结面，厚约0.04—0.06米，底部为斜坡状，长2米、宽0.92—2.42米。包含物有大量的板瓦残片、残砖块、陶器残片等，可辨器形有陶盆、瓦当、陶罐、陶甑等。

窑室：拱顶已坍塌，平面呈长方形，内壁为青灰色烧结面，底部平坦，北壁底部有三个长方形洞式烟道，长2.56米、宽2.28米、高1.3米。

烟囱：口小底大，下部与烟道相连，内壁为红褐色烧土。口长0.5米、宽0.4米。

（二）出土器物

出土器物7件，泥质灰陶，以陶器残片和砖、瓦为主。

瓦当　1件，残。标本Y1:2，当面饰云纹（图二十，1）。

筒瓦　1件，残。标本Y1:5，唇部保存完整，外表面饰绳纹，内面饰布纹（图二十，2）。

陶甑　1件。标本Y1:6，底部以上已残缺，平底，底部留有六个圆形箅孔。直径22.5厘米（图二十，3）。

陶盆　2件。标本Y1:1，底部残缺，仅剩口部。微敛口，平沿，尖唇，斜直腹，腹部饰有麻点纹。口径44厘米（图二十，4）。

陶罐　1件。标本Y1:3，残缺仅剩颈部，束颈，弧肩（图二十，5）。

陶瓮　1件。标本Y1:4，残缺无法复原，敛口，圆鼓肩，直腹（图二十，6）。

五 结 语

（一）年代

M18、M25、M30墓葬形制为竖穴土坑墓，葬式为单人曲肢葬。其中M18有腰坑且出土的陶鬲特征

图四十二 M7出土器物

图四十三 M10出土器物

图四十四 M15出土器物

图四十五 M16出土器物

图四十六 M17出土器物

与陇县店子秦墓M15:3鬲形制相似，陶盂的特征与陇县店子秦墓M15:10盂形制相似[1]。因此M18的时代应在春秋中期，M25、M30的时代与M18相当。

M5、M7（图四十二）出土的陶鼎、缶、灶与西安龙首原汉墓的A型Ⅰ式鼎、Ⅱ式缶、C型Ⅱ式灶相似[2]，所以M5、M7的年代应在西汉早期。

M9、M10（图四十三）、M11、M12、M13、M15—M17（图四十四—四十六）出土的釉陶鼎、釉陶盒、釉陶壶、罐、仓、灶、樽等器形与《长安汉墓》中第二、三期同类器物[3]相同。M9、M11出土的五铢钱为武、昭时期，其余墓葬出土的铜钱为宣帝后期、元成时期[4]。综上，我们认为M9、M11为西汉中期，M10、M12、M13、M15—M17为西汉中晚期，其中M12为新莽时期。由于M4、M6、M8、M14未出土随葬器物，仅根据墓葬形制推测其年代为西汉。

根据陶窑的形制及出土器物分析，Y1的时代为西汉。

根据铜钱及出土陶器分析，M27、M29时代为唐，M22、M26时代为北宋，M33时代为清代。

（二）初步认识

西甘河古墓群位于丰镐遗址南部4公里处，北距汉长安城21公里。此次发现的3座春秋时期秦墓，时间最早的可到春秋中期，这是西安地区目前所知年代最早的秦墓之一，为我们研究早期秦人活动的范围提供了证据。秦汉时期此地为上林苑，此次发掘西汉早期墓2座，中期墓2座，中晚期墓6座。和早期墓葬相比，晚期墓葬呈递增的趋势，这可能跟元帝时因朝廷不堪重负把上林苑所占的池、田发还给贫民使用，成帝时又将部分土地划给平民有关。因此墓主人很有可能是生活在上林苑的居民，这为我们研究秦汉时期上林苑内居民的物质文化、手工业及生活习俗提供了翔实的材料。

发　掘：张翔宇、朱连华、杨永岗、穆毅勃
绘　图：王　娀
摄　影：高　博
执　笔：朱连华、刘汉兴、张翔宇

注释

[1] 陕西省考古研究所：《陇县店子秦墓》，三秦出版社，1998年，第234页。

[2] 西安市文物保护考古研究所：《西安龙首原汉墓·甲编》，西北大学出版社，1999年，第222—228页。

[3] 程林泉、韩国河、张翔宇：《长安汉墓》，陕西人民出版社，2004年，第828—829页。

[4] 陈直：《西汉陶范纪年著录表》，《西北大学学报》创刊号。

义乌柳青乡游览亭村宋代窖藏银器研究

朱俊琴（义乌市博物馆　322000）

【摘要】1986年，义乌柳青乡游览亭村发现了一批窖藏宋代银器，共40余件，器类有银花片、酒盏、执壶等。银器工艺精湛，装饰丰富，尤其是7件银花片上的錾刻人物故事图案，为国内罕见。据银器铭文，此批窖藏当为宋代游览亭村陈姓人所有。

【关键词】银器　窖藏　宋代　义乌

1986年12月20日下午，义乌柳青乡游览亭村一村民在建房取土过程中，在一小土丘内意外发现了一个银器窖藏。众民工及围观的村民在惊喜之余，肆意挖掘，造成多件器物损坏。公安部门和文物部门接报后即赶赴现场，经博物馆工作人员清理，共有银器40余件，其中近五分之三残损严重。这批银器造型雅致美观，錾刻工艺出神入化，装饰图案丰富多彩，为国内罕见。

一　银器内容

游览亭村窖藏出土的银器，按用途可分为两类：一类为装饰用具，有人物故事花片；另一类为酒具，有盏、盏托、执壶等。

（一）錾刻人物故事银花片

共7片。形制、大小基本相同。长方形薄片，委角，四边或有残损并有火烧痕迹。装饰图案分内外两区：外区四委角以细小珍珠纹为地，上刻卷草纹，上下左右各有一开光。其中6片上下开光区在珍珠地上饰缠枝莲花纹，左右开光区在珍珠地上饰折枝牡丹花二枝。1片上下饰折枝牡丹纹，左右饰缠枝莲花纹。内区用类似白描的手法錾刻出人物故事图案，线条流畅，形神兼备。长32.5厘米、宽24厘米。

1. 内区图案一：叱石成羊故事[1]。图中少年打扮者为皇初平，正快步走向策杖的哥哥，双手指向山坡，山坡上的白石已变成羊，正于地上觅食。皇初平，东晋时金华丹溪人，家贫，自幼牧羊为生，有一道士看他品行端正，将他带至金华山石室中修炼，40年不食人间烟火。他哥哥起初四处寻访，最后在金华山中找到他。这时哥哥已是耄耋老人，而弟弟仍是少年模样（图一；封二）。

2. 内区图案二：许由洗耳故事[2]。画面中部錾刻一道蜿蜒的细线，代表溪水，溪畔有芦苇和树木。溪的下游，许由解衣半袒卧于水边，一手搭在膝上，一手撑着头部，似正在洗耳；溪中游一持杖老翁为巢父，正与一童子对话，童子神态恭敬，而巢父表情严肃；在溪的上游，有一童子牵牛前行。许由和巢父是尧时的隐士，相传尧要把帝位禅让于许由。许由听后认为污染了他的耳朵，从隐居的箕山跑到颍水边，掬水洗

图一，1 银花片图案（叱石成羊）正面

图四 银花片图案（司马相如题桥）

图一，2 叱石成羊银花片背面

图五 银花片图案（毕卓醉酒）

图二 银花片图案（许由洗耳）

图六 银花片图案（商山四皓）

图三 银花片图案（萧思话松下抚琴）

图七 银花片图案

耳。这时，巢父正好牵牛来到溪边饮水，问明缘故后，认为许由是在沽名钓誉，就以溪水被污为由牵牛到上游饮水去了。画面将许由洗耳萧然的神情及巢父拒饮的表情刻划得惟妙惟肖（图二）。

3. 内区图案三：萧思话松下抚琴故事[3]。画面中，有三人席地而坐。端居正中，置琴于膝上弹奏者为萧思话。左侧一老者抱膝，侧耳倾听；右侧一老者鼓掌。三人边上各置一酒具，中设果肴。二老者边上有童子侍立。画面右下方一马正昂首嘶鸣，马上马鞍、障泥[4]毕具。与琴声相衬的还有周围的环境：淡淡升起的烟岚，清澈的溪流，欢快跃动的鱼儿，纤细的芦苇及虬曲的秋树。整个画面情景交融，颇为雅致，具有宋元时期文人画的气息（图三）。

4. 内区图案四：司马相如题桥故事[5]。图中远景为连绵起伏的山峦，近景为一跨水木桥。桥头立着一对交午柱，一男子文人打扮，应是故事主人公司马相如，正挥笔在柱上题词。边上一女子衣着华丽，风姿绰约，双手捧着砚台，应是卓文君。画面右侧为两株大桂树，占据小半个画面，桂树枝繁叶茂，寓示着折桂的主题（图四）。

5. 内区图案五：毕卓醉酒故事[6]。图案正中有一人侧卧醉睡，旁散落着倒置的酒杯，应是毕吏部无疑。在他身后有两只大酒缸及两只酒瓮，一只酒缸盖已开启，并置一酒勺。边上有一童子恭敬站立，身后一童子正向酒主人汇报着所发生的事情，整个场面颇具戏剧性。毕卓，东晋时人，有“瓮间吏部”之称，他为人简傲旷达，嗜酒无度（图五）。

6. 内区图案六：商山四皓故事[7]。画面中，四位老人围坐成一圈，均高额、白发、皓眉，神情庄重地注视着右下角之人。右下角之人为官员打扮，应为张良，身子微向前倾，双手捧着文书，神情颇为恭敬。四老周围紫气氤氲，形象刻画得比张良高大，以此来烘托四老品性、学识的高深广博（图六）。

7. 内区图案七：画面上共錾刻6个人物，分两组。中间一组三人，均戎装打扮：中间坐者体态丰满，衣饰华丽，一手握着一柄剑；两侧人物稍小于中间人物，手持长钺侍立两旁。右下角一组亦三人，儒者打扮，前一老者拱手弯腰而立，后两人应为后辈小生，亦拱手作恭敬态。周边配以古木怪石，一派萧散之气(图七)。

（二）酒具

共13件。包括银执壶、银盏、银盏托。

1. 银执壶　1件。由盖、身两部分组成。盖为僧帽形，宝珠钮，与器身套合。器身直口，长颈，折肩，深腹，圈足外撇。肩部用铆钉铆接细长流和环状扁平耳形柄。全器光素无纹。柄内侧阴刻楷书“辛卯陈宅”，底部阴刻楷书“仙都张家工夫”。口径3.5厘米、底径8.5厘米、通高30厘米（图八）。

2. 银盏　8件，分葵口盏和葵瓣形盏两种。

(1) 葵口盏　7件，造型一致。六出花口（葵形），外撇，圆唇，腹斜收，圈足外撇。口沿内侧錾刻一条宽约0.65厘米的鎏金装饰带，珍珠地，缠枝卷草纹。内底有直径约3.7厘米的圆形錾刻鎏金图案，圈足外侧阴刻楷书“陈官人宅用”五字。口径11.6厘米、底径4.4厘米、高3.8厘米（图九；封面）。盏心图案各不相同：

图案一：一老者高额虬须，袒露上身，大腹便便，

图八，1 银执壶

图八，2 银执壶底部

图九，1 葵口银盏

图十 盏心图案一

图九，2 葵口银盏内底

图十一 盏心图案二

图九，3 葵口银盏外底

图十二 盏心图案三

图九，4 葵口银盏口沿

图十三 盏心图案四

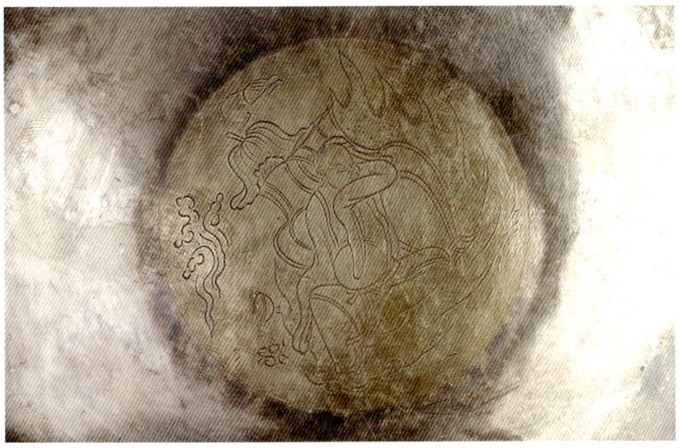
图十四 盏心图案五

图十五 盏心图案六

图十六 盏心图案七

坐靠长颈瓜棱形大酒瓮酣睡，手中倒扣酒锺于地上，旁有酒樽和勺（图十）。

图案二：一老者披衣袒腹，背倚大酒瓮，手捧酒锺，独自豪饮，神情落寞。旁有酒樽，樽中置一酒勺。另有一平底花口果盘，内置鸭梨两枚（图十一）。

图案三：一文士背靠酒瓮而坐，专注地吹着洞箫，上有仙鹤飞过，旁置酒壶、酒盏、果肴，周边有几朵流云（图十二）。

图案四：一老者袒露上身，侧倚酒瓮，似醉非醉。前搁一个大酒锺及酒樽，樽内有长柄勺（图十三）。

图案五：一人手臂搭扶于瓜棱形酒瓮之肩醉眠，酒盏倾倒于一侧，旁有祥云升起（图十四）。

图案六：一人袒腹侧坐于几案前，背倚酒瓮小憩，酒锺、酒樽、酒勺等散落一地（图十五）。

图案七：一文士坐于案几前，一手扶着案几，一手耷于腿上，神情严肃，似在思考着什么，又似在小憩。他身后置大酒瓮，案几前放置一瓶花，周边亦有祥云升起（图十六）。

（2）葵瓣形盏　1个。六瓣葵花形，口外撇，圆唇，腹斜收，圈足稍外撇，内底心凸起，整体造型像一朵盛开的蜀葵。光素无纹。口径10.9厘米、底径3.9厘米、高3.3厘米（图十七）。

3. 银盏托　4件，分葵口盏托和花口盏托两种　。

（1）葵口盏托　3件。一件完整（图十八），二件圈足缺失（图十九）。托盘六出葵花口，圆唇内卷，圆足外撇，足沿亦六出葵花口，与盘面对应。盘口沿内侧錾刻一周鎏金缠枝卷草纹，珍珠地。盘中心有一个凸起的浅台，其上部有一圈凸起，恰可以放置银盏。托盘直径17.5厘米、高5.5厘米。

葵口银盏托与葵口银盏应是配套使用的，合称“台盏”，是酒器中的一种固定组合（图二十），盏托与盏配套使用的图例有台北故宫博物院藏宋徽宗《文会图》、北京故宫博物院藏五代顾闳中《韩熙载夜宴图》等。

（2）花口盏托　1件。六出花口，浅盘，斜腹，圈足稍外撇。盘壁可能双层，上层已缺失。盘内底有一周凸起以承盏。器物光素无纹。这种盏托与盏合用，应称之“盘盏”。口径14.5厘米、底径7.5厘米、高2.7厘米（图二十一）。

银盏、银盏托中的大部分延续了唐代银器的做法，在突出的纹饰上，先在银器上錾花，然后在錾花处涂金，形成“金花银器”[8]，突出银器的装饰效果。

二　银器年代、铭文及窖藏缘由

（一）年代

游览亭窖藏银器采用捶揲工艺打制而成，造型轻薄隽秀，花式新颖别致。其中执壶的形制与四川德阳

图十七，1 葵瓣形银盏

图十八，1 葵口盏托

图十七，2 葵瓣形银盏内底

图十八，2 葵口盏托外底

图十七，3 葵瓣形银盏外底

图十八，3 葵口盏托内底

图十九　葵口盏托底部（圈足缺失）

图二十　台盏

出土的一件银执壶相近，后者宝项形盖，器柄上有“西宅”二字，底部有墨书“冯宅□（宋押）”[9]。葵口盏的形制与四川彭州宋代金银器窖藏出土的葵口盏相同，后者方唇，六瓣葵形口，弧腹，喇叭形圈足，内底中心饰一朵六瓣团花，中心花蕊高凸[10]。葵口盏托的形制也与四川彭州宋代金银器窖藏出土的盏托相同，报告称其为覆碗状茶托：上部似覆碗，顶部似矮圈足。托盘口沿和圈足外壁均饰卷草纹一周，以小碎点纹衬地[11]。据此，可初步判断此批银器也应属于宋代之物。

（二）铭文

在这批窖藏银器中，银盏的圈足上均用楷书阴刻“陈官人宅用”五字（图二十二），而在银执壶柄内侧则阴刻有楷书“辛卯陈宅”（图二十三）。从“陈官人”、“陈宅”铭文可知，银器的主人姓陈。银器的窖藏地游览亭村是以陈姓聚居的村庄。查阅民国丁亥(1947)年重修的《义乌石门陈氏宗谱》卷十，其《行传》中载：石门陈氏原世居福州，后迁于天台。其始祖陈鑫，字宜诜，因弟弟陈斯任湖广武昌府兴国州大冶县丞时被人诬告获罪，恐遭株连，于宋嘉祐（1056）初，避地徙居义乌之西北曰石门智者里。弟陈斯于难解后，寻兄觅戚，遂亦卜筑京山之地而居焉，是为京山游览亭之始祖也。由此可知，陈氏于北宋中后期迁居游览亭，并在此地繁衍生息。“陈官人”一词中，“官人”一般是对官员的尊称，宋以后对有一定地位的男子也敬称“官人”[12]。翻阅宗谱，宋代游览亭曾出过几位进士，其中不乏高官，他们中的某人可能就是这批银器的主人。

另据《宋史》，这时的义乌人“性柔慧，尚浮屠之教，俗奢靡而无积聚，厚于滋味”（《宋史》卷八十八《志第四十一·地理四》）[13]。从游览亭银器的精美程度及多为酒器上可验证“陈官人”的“奢靡”及“厚于滋味”，符合宋时义乌人的性格习气。

银执壶柄内侧刻有“辛卯陈宅”铭文，“辛卯”年应是银器打造的时间。据《义乌石门陈氏宗谱》，游览亭始祖于宋嘉祐年间始居于此，所以“辛卯”年可能是北宋晚期的政和元年(1111)、南宋乾道七年(1171)或绍定四年（1231）。

银执壶底部阴刻楷书“仙都张家工夫”。“仙都”，地名，位于浙江省西南部的丽水市缙云县境内，与金华地区接壤。“到中晚唐时期，金银器的制造出现以西安、洛阳为中心和以江浙为中心的南北两大生产地”[14]。因此从唐代中后期始，浙江便已是金银器的制作中心之一。到了宋代，技术更加娴熟，特别是錾刻工艺，已达到了炉火纯青的地步。“张家工夫”中的“张家”应指制造银器的商家，“工夫”是宋代手工业中的习惯用语。“张家工夫”是匠户的商号名称，说明仙都张家金银铺作坊已有一定的知名度，也反映了宋代金银器制作的商品化[15]。宋代商品经济繁荣，

图二十一，1 花口盏托

图二十一，2 花口盏托外底

图二十一，3 花口盏托内底

图二十二“陈官人宅用”铭文

图二十三“辛卯陈宅”铭文

商家竞争激烈，对产品的质量和信誉已相当重视，金银器制作商铺常在制作的金银器皿上押印、錾刻匠人、铺号名称，旨在明晰责任，赢得声誉，防止假冒。在宋代打造银器的银子一般由顾客或东家提供，工匠一般不用自家的银子打造器物。工匠既可在自己的作坊或店铺里招览生意，也可带着设备上门服务。

（三）窖藏缘由

窖藏，指挖窖藏宝。窖藏原因一般有两个，一是战争，二是天灾人祸。宋代义乌发生过的大的战争有方腊起义。北宋宣和二年（1120）十月方腊起义在浙江爆发，宣和三年（1121）正月攻下婺州（今金华）。方腊军队所到之处，抢富豪，杀官吏。这年，曾出资建造了大安寺塔的义乌富户吴圭就是被方腊军队杀害的[16]。因此，游览亭陈家也可能是方腊军队抢杀的目标。如果这批银器是北宋的，则有可能是陈家人为躲避这次兵燹而埋藏起来的。另外银花片四周有火烧的痕迹，也可推测陈宅遭受了火灾之难，这批银器可能是从大火中抢出来的财物。陈宅被毁后，家人居无定所，就到外地投亲靠友。由于银器体量大，不适宜随身携带，暂将这批银器悄悄地埋藏了起来，待来日回乡后再挖出来使用。然世事难料，藏宝之人可能因各种原因客死他乡，或多年之后村庄遭遇大的变故，找不到旧藏，以致这批银器埋藏于地下至今。

三　相关认识

（一）银花片的功用

錾刻人物故事银花片在国内属首次发现，目前多数学者把精力放在装饰图案的考证上，而对银花片的功用却很少有人提及。银花片是薄片，且尺寸较大，一般认为是一种装饰品。那么，它是装饰在什么器物上的呢？从五代顾闳中的名画《韩熙载夜宴图》（一认为是宋摹本）中或许可以找到一些线索。图中参加宴会的客人大多是坐在椅子上的，但主人及贵客是坐在床上的。这种床后称罗汉床，它三面有围子，而且围子上是有装饰的。宋代经济繁荣，文化高度发达，生活精致，注重室内装饰。银花片可能就是装饰于重要家具的显眼部位，如罗汉床的床围子上，或大厅里用于隔断的屏风上，以及其他一些重要的家具上。游览亭窖藏的银器中，只有银花片有火烧痕迹，亦可推测在发生火灾时，平时不用就收藏起来的银酒具易先抢出来，而嵌于笨重或易燃家具上的银花片则不易抢出，即使侥幸与家具一同从大火中抢出，其花片的边缘也已遭火焚而被烤焦了。另外亦有学者提出，宋代漆器发达，银花片可能装饰于漆器上。但漆器中所嵌的金银片多较细小，而游览亭窖藏银器中的银花片尺寸较大，应不适于嵌在小型的漆器上。

（二）宋代的酒器及饮酒风尚

金银器皿种类繁多，但大的类别不外两种，即饮器和生活用器，其中又以饮器居首。饮器之要，为酒器和茶器，而不论类型和样式，其丰富均以酒器为最。

游览亭窖藏银器中，盏的口部及盏托盘口多为葵口，即是宋代酒器的流行样式。宋代的所谓“葵花”，均指锦葵科的蜀葵、黄蜀葵之类，亦名秋葵，著名的实例有上海博物馆藏的南宋册页《秋葵图》，以写实的手法绘出蜀葵的风韵。宋代的酒人喜爱黄蜀葵，美其名曰侧金盏，这些似即宋元酒器造型重要的构思来源[17]。以蜀葵的美来设计制作金银盏、盏托，可见宋人对美的事物的追求。

银盏的七幅图案，除錾刻有人物外，还刻有宋人饮酒的一些酒器。关于宋元酒器名称，南宋人编纂的日用小百科《碎金》一书中《家生篇》第二十三“酒器”中有列出，其品目如下：樽、榼，樏（原小字注垒子），果合、泛供，劝盏、劝盘，台盏、散盏，注子、偏提，盂、杓，酒经、急需、酒罂、马盂，屈卮、觥、觞、大白。宋人小酌，用不着整套酒器，有几件喜爱的就足够了。大酒瓮，宋人称之为酒经、酒罂，在每幅图中都有出现，应是宋人必备的酒器。酒瓮造型美观，有瓜棱形，也有梅瓶状，有的肩部饰莲瓣纹，有的饰璎珞纹。酒瓮均没盖，有的上覆荷叶，显出宋人的清雅之趣。除酒瓮外，还有樽、勺、盏、杯、酒锺、执壶等酒器。图中各人的饮酒方式及神态各不相同，有人以大酒锺独饮，神情落寞；有的醉卧酒瓮边，酒碗倒扣或酒樽、酒勺、酒盏散落一地，神态洒脱；有的吹箫自娱，自斟自饮。北宋吴淑《事类赋注》卷一七《饮食部》“酒”类一项撷录故事多取自中古人士，扬之水认为这似昭示这一时代的一种审美趋向[18]。

另有两图中绘花口果盘，盘中盛放水果，也反映出宋人饮酒的一个习俗，即以果馔下酒。《碎金》酒器中的樏，即指盛食品的扁榼，中有槅，可装干果之类。而果合指的就是果盒、果盘之类，盛装时新水果。饮酒时吃点水果，既清雅，又利于身体健康。宋人的精致生活又可从中窥得一斑。

注释

[1]“叱石成羊”出自晋朝葛洪所著《神仙传》中所载皇初平变白石为羊的故事。明汪云鹏《有象列仙全传》中也有“叱石成羊图”，唯“皇初平”作“黄初平”。

[2] 典出《庄子》：“尧让天下，许由遂逃箕山，洗耳于颍水。”

[3] 萧思话为南朝宋人，善于弹琴和骑射，深受宋武帝刘裕的赏识。《宋书》曰：“萧思话领左卫将军，尝从太祖登中山北岭，中道有盘石清泉，上使于石上弹琴，因赐银锺酒，谓曰，相赏有石间意。”

[4] 障泥，指垂于马腹两侧，用于遮挡尘土的东西。南朝宋刘义庆《世说新语·术解》：“王武子善解马性，尝乘一马，着连钱障泥，前有水，终日不肯渡。王云：‘此必是惜障泥。’使人解去，便径渡。”

[5] 据晋代常璩《华阳国志·蜀志》记载，成都北十里有一座升仙桥，桥有送客观，汉代著名辞赋家司马相如最初离蜀赴长安时，曾题词于其门，曰“不乘赤车驷马，不过汝下也”，意不做高官誓不还乡。后司马相如果真衣锦还乡，成为时人美谈，相如题桥也成为当时及后世常用的典故。明中晚期孙柚将司马相如故事编成传奇《琴心记》。

[6] 据《晋书》卷四九《毕卓传》记载：“太兴末，为吏部郎，常饮酒废职。比舍郎酿熟，毕卓夜至瓮间盗饮之，为掌酒者所缚，明旦视之，乃毕吏部也，遂释其缚。”

[7] 四皓指的是秦末汉初的东园公唐秉、甪里先生周求、绮里季吴实和夏黄公崔广。他们为了避秦乱而长期隐居于商山，称“商山四皓”。刘邦建国后，闻四皓大名，曾想请他们出山为官，被拒绝。刘邦想废掉太子刘盈，张良请来商山四皓游说，使刘邦最终打消了废掉太子的念头。四皓出山时，都已是80多岁的老人了。梁周兴嗣《千字文》中有一句“绮回汉惠”，说的就是“商山四皓”故事。

[8] 扬之水：《奢华之色——宋元明金银器研究》卷三，中华书局，第121页。

[9] 沈仲常：《四川德阳出土的宋代银器简介》，《文物》1961年第11期。

[10] [11] 彭州市博物馆、成都市文物考古研究所：《成都市彭州宋代金银器窖藏》，《文物》2000年第8期。

[12]《西厢记》第一本第一折：“官人要下呵，俺这里有干净店房。”

[13] 转引自傅健：《走近文博》之《义乌商业史略》，大众文艺出版社，2008年，第295页。

[14] 齐东方：《唐代金银器研究》，中国社会科学出版社，1999年，第34页。

[15] 浙江永嘉窖藏银器中有“京溪供铺记”、“京溪供铺工夫”、“冯将士工夫”等铭刻。

[16] 见梅执礼于宣和六年（1124）撰的《吴彦成墓志铭》（收录于《浦阳大辂吴氏宗谱》卷一），里面详细记述了吴圭为方腊兵所害的经过。吴圭（1068—1121），字彦成，仕承信郎，充燕府翊善掌书记。

[17] 同[8]，第44—45页。

[18] 同[8]，第12页。

仙居两座宋墓出土的文物

华涛琛（云南民族大学　650031）
张　峋（台州市博物馆　318000）

【摘要】仙居县文物办藏有一批宋代文物，分别出土于湫山乡下岸村和城关中桥头村的两座墓葬，器物有铜镜、金发簪、银发簪、粉盒、水盂、陶盖罐等，年代约为南宋晚期。

【关键词】文物　宋墓　仙居

一　发现经过

1999年12月，在挖掘仙居县湫山至安岭段的县道公路路基时，在湫山乡下岸村一座俗称"洋枪头"的小山脚下,发现了铜镜等4件文物及陶瓷残片若干，出土文物为被民杨叶根收走。大约1个月后，当地派出所得悉此事，一边向杨叶根说明国家有关出土文物的法规，要求他暂时妥为保管，一边通知仙居县文物管理办公室（以下简称"文物办"）。仙居县文物办于翌日派员赶赴下岸村，杨叶根同志热情地将出土文物上交文物办收藏。据杨反映，这批文物可能是墓葬里的随葬品，因为出土这批文物的地段前些年多有条石、石板发现，时日久了，也不知散落何处，部分构件可能被村民搬走砌筑地坎或建造猪圈了。

2002年4月的一天傍晚，仙居县文物办接到群众举报，在城关中桥头村后山开垦果园时发现一座宋墓，出土文物为外省民工收走，欲转手倒卖。文化局、城关镇、县政府领导得悉后高度重视，要求有关方面各司其职，立即行动，务必尽快追回出土文物。经过一番寻找，终于在民工的住处收回铜镜、粉盒等5件文物。转天早上，在台州市文物办的协助下，仙居县文物办赶赴中桥头后山宋墓现场，进行进一步清理，发现墓葬结构已经遭到严重破坏，清理后只发现了三枚铁钉和两方正方形的砖板。根据已经严重损坏的墓葬现场，判断该宋墓为双室并列的砖椁石顶墓，石板厚重粗大。墓坑长约3.2米、宽3.3米、深2米。

二　出土文物

湫山乡下岸村"洋枪头"小山岗出土的器物有：

1. 铜镜　1件。八出菱花形。小环钮座，已残。座外凸面素窄环带一周，将镜面分为内外两区，内区饰缠枝纹，外区主题纹饰为兽面纹。镜背一侧近缘处铸长方形框,内铸一行楷书铭文"韩子文造"。高平缘。直径21厘米、厚0.45厘米。镜两面都有局部的铜绿锈斑，而以镜背较严重（图一）。

2. 青瓷水盂　2件。

其一，直口，直颈，溜肩，肩部有两道弦纹，鼓腹，平底略凹。颈部釉厚处呈绿色，内外均施釉，口部、底部不施釉。盂体开片如鱼鳞。口径5.3厘米、高4.4厘米、底径3.2厘米（图二）。

其二，已残，直口，束颈，圆鼓腹，下渐收，圈足，平底略凹。器物内外施米黄色釉，底部不施釉。盂体开片如鱼鳞。口径6厘米、高5厘米、底径5.6

图一

图二

图三

图四

图七

图五

图六

厘米（图三）。

3. 陶盖罐　1件。残，直口，折肩，腹部上半直筒，下半斜收。盖为子母口，已严重残缺。口径3.8厘米、高3.4厘米、底径4.4厘米（图四）。

城关中桥头宋墓出土的器物有：

1. 铜镜　2件。

其一，圆形带柄镜。圆形，无钮，柄已残。镜背纹饰严重锈蚀，但从靠近镜缘的部分纹饰仔细辨认，该镜背的主题纹饰当为双凤。素缘凸起。直径13.2厘米（图五）。

其二，湖州石家镜。六出葵花形，葵瓣向外，小圆钮，钮座一侧长方框内镌刻二排铭文“湖州石家清铜照子”。素宽缘凸起。直径18厘米、厚0.4厘米。保存完整（图六）。

2. 粉盒　2件。

其一，青白瓷，扁圆形，上宽下窄，由器、盖两部分组成。子母口。盖顶平坦，边缘饰有一周凸起的乳钉，中间刻饰荷花纹。盖腹形成整个粉盒的最大腹径，饰凸弦纹一周。器腹刻划凹弦纹一周，并斜收至底。平底略凹。盖内外施釉，器身内部施釉，外部不施釉。口径4厘米、高2.2厘米、底径3厘米（图七）。

其二，青瓷，仅剩盖部。盖顶饰花草纹，总体平坦，中间稍隆。盖中饰凸弦纹一周。内外施釉，釉色青中泛黄。口径8厘米、高1.2厘米（图八）。

3. 金发簪　1件。已断成5截。部分残片已缺失。簪体镀金，细长圆筒状，空心，素面。簪尾錾刻一朵盛开的菊花形花帽，扣在筒柱上（图九）。

4. 银发簪　1件。单股，素面。两头粗，中间细。已经断为三截，可修复。长8厘米（图十）。

三　相关问题的讨论

湫山乡下岸村“洋枪头”小山岗出土的器物，从村民杨叶根介绍的情况看，应该属于墓葬中的随葬品。两座墓葬的出土文物，都符合两宋时期的器物

1

2

图八

1

2

图九

图十

柄，凤体硕大，满铺镜背，采用单线白描，纹饰纤巧，手法精细，刻画清晰，堪为宋镜之杰作[3]。浙江东阳前胡山村宋墓出土的圆形带柄双凤镜，铸造于理宗宝祐年间（1253—1258）[4]，为仙居中桥头村后山宋墓的铜镜断代提供了依据。该墓出土的六出葵形镜属于湖州石家镜，并铸出铭文，属于宋代浙江最为流行的商标铭文镜。此类镜于北宋中、晚期出现，盛行于南宋初期和中期，是浙江地区最具有地方特色的镜种[5]。该镜铭文“湖州石家清铜照子”中，“清”字为“青”字之误。同墓出土的青白瓷粉盒，胎灰白且薄，釉色青白而润泽、柔和，釉面开片，似为南宋中晚期景德镇窑系的产品。金发簪在簪尾錾刻一朵盛开的菊花形花帽并扣在筒柱上的作法，与浙江东阳金交椅山南宋墓葬出土的银鎏金花卉纹簪近似[6]。综上，中桥头村后山宋墓的年代也可以大体确定为南宋晚期。

特征，可以断定这是两座宋墓。下岸村宋墓出土的铜镜，镜背主题纹饰为四组兽面纹，比较罕见，可能受到了中国南方宋元时期青铜器仿古风潮的影响。据研究，目前中国南方地区现已出土的宋元青铜器中，仿古礼器占大宗，陈设兼实用的器物也有不少，宋代的复古风潮虽以朝廷为主发起，也波及地方和民间。在仿古青铜器上的纹样类别中，兽面纹占有不少比例[1]。下岸村出土的兽面纹铜镜，与湖州莫蓉乡窖藏出土的南宋贯耳瓶上的兽面纹构图十分相似[2]，可以推测该镜也是仿古风气影响下的产物，其年代为南宋时期。同墓出土的青瓷水盂，胎骨坚质细密，冰裂纹明显，口沿露出胎色，底部露胎；且肩部多次施釉而呈绿色，釉层丰厚柔和。该水盂具有南宋较晚时期龙泉窑产品的特征。同墓出土的米黄釉青瓷水盂，灰白色胎，整器内外满釉，只在口沿和底足部露胎，釉表柔和，布满均匀细密的开片纹，也具有南宋较晚时期龙泉窑产品的特征。因此，下岸村宋墓的年代定为南宋晚期应不至于大谬。

仙居城关中桥头村后山宋墓出土的圆形带柄铜镜，主题纹饰为双凤，属于花鸟镜范畴，是浙江南宋时期最为流行的镜种。双凤镜多为圆形或圆形带

根据走访下岸村村民以及对中桥头村后山宋墓的现场清理，仙居这两座墓葬都属于砖室墓，结合以往的考古调查，仙居地区很少发现砖室墓。由于两座墓葬都没有发现墓志，墓主人的身份不得而知，但根据出土文物，我们可以推测，下岸村宋墓的主人应该是一位有较高社会地位或家庭比较富裕的女性；中桥头后山宋墓出土的器物既有文具，又有女性生活用具，当为夫妻同穴墓，男墓主生前应该是一位有文化修养的人士。

注释

[1] 王牧：《中国南方地区宋元时期的仿古青铜器》，《南方文物》2011 年第 3 期。

[2] 湖州博物馆藏。

[3] [5] 梅丛笑：《浙江宋代铜镜的流行特征》，《东方博物》第 40 辑，浙江大学出版社，2011 年。

[4] 赵宁：《浙江东阳市胡前山村发现南宋墓》，《考古》1996 年第 9 期。

[6] 吕海萍：《东阳金交椅山宋墓出土文物》，《东方博物》第 39 辑，浙江大学出版社，2011 年。

文成县苦马塘岩葬墓群初步研究

吴海红　金豪杰（文成县博物馆　325300）

【摘要】苦马塘岩葬墓肇于清末，延续百年间，在当地形成了规模庞大、形制独特的墓葬群。本文在对苦马塘岩葬墓群进行类型分析的基础上，就这一独特的丧葬习俗及演变轨迹等作了探讨。

【关键词】岩葬墓群　葬俗　演变　苦马塘

一　苦马塘岩葬墓群概况

苦马塘岩葬墓群坐落在文成县黄坦镇云峰村下源底自然村以南，向东与文成县城直线距离约 8.7 公里，南距黄坦镇 2 公里。东侧山脚有文成通往景宁县城的新 56 省道，交通较为便捷。下源底自然村向南 200 余米有一处南向冲沟形山坳，山坳西、北面为长满松柏的坡地，东面缓坡及中央洼地辟为梯田，南向坳口地势最低，水流汇集处建有一口山塘。塘平面略呈半圆形，早年塘坝边有一座古墓，山坳因此取名古墓塘，当地谐音而成苦马塘。山坳西段背靠海拔 489 米的高山，高差约 65 米，东段后倚高差约 15 米的台地，东南端有一低峦（图一）。坳内北部有一段弧形天然崖壁，崖高 4—20 米，壁面垂直。岩葬墓群便位于山崖底部（图二）。墓因山势而建，亦呈弧形分布，朝向自东南至西南向不等，共计 68 座 150 余穴（图三）。

岩葬墓建造方法比较简单，即在崖壁底部横向开凿凹龛，龛内用青砖或红砖（晚期可能存在使用石块或石板的情况）分隔成两个或多个墓室，通常每室宽约 0.5 米、高 0.8 米。墓室进深因葬具而异，葬金瓶者通常仅 0.5 米，葬棺木者则可达 2 米左右。墓室入口端用砖石封砌。根据封口外部形制及建筑材料的差异，可将该墓葬群分为如下三种类型。

（一）简易砖石门型

共 5 座。凹龛进深较浅，墓室不大，墓门皆用青砖或红砖侧砌封闭，外抹白灰。外壁与崖壁立面基本齐平。葬具为金瓶。如 M12，凹龛长 1.6 米、高 0.8 米，龛内两圹并列，圹壁及封门皆用红砖侧砌，外表抹白灰（图四）。有的在砖砌封门外另砌石墙。如 M25，凹龛总长约 2.6 米、高 0.65—0.88 米、深约 0.8 米。内列 3 圹，圹壁及封门皆用青砖侧砌，封门外表抹白灰。封门外侧残存一段块石垒砌的矮墙。西端墓室已打开，可见装骸骨的金瓶（罐），金瓶口径 0.24 米、最大腹径 0.34 米、底径 0.185 米、高 0.49 米（图五）。个别墓用块石封砌墓口，并在封门立面上方摆放刻有墓主姓名的小碑。如 M55 邢公墓，凹龛长 1.85 米、高 1.12

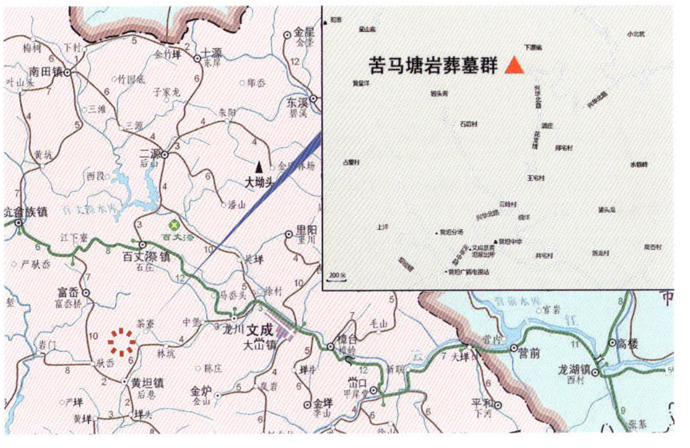

图一　苦马塘岩葬墓群地理位置示意图

图二 苦马塘岩葬墓群全貌

图四 M12前立面图

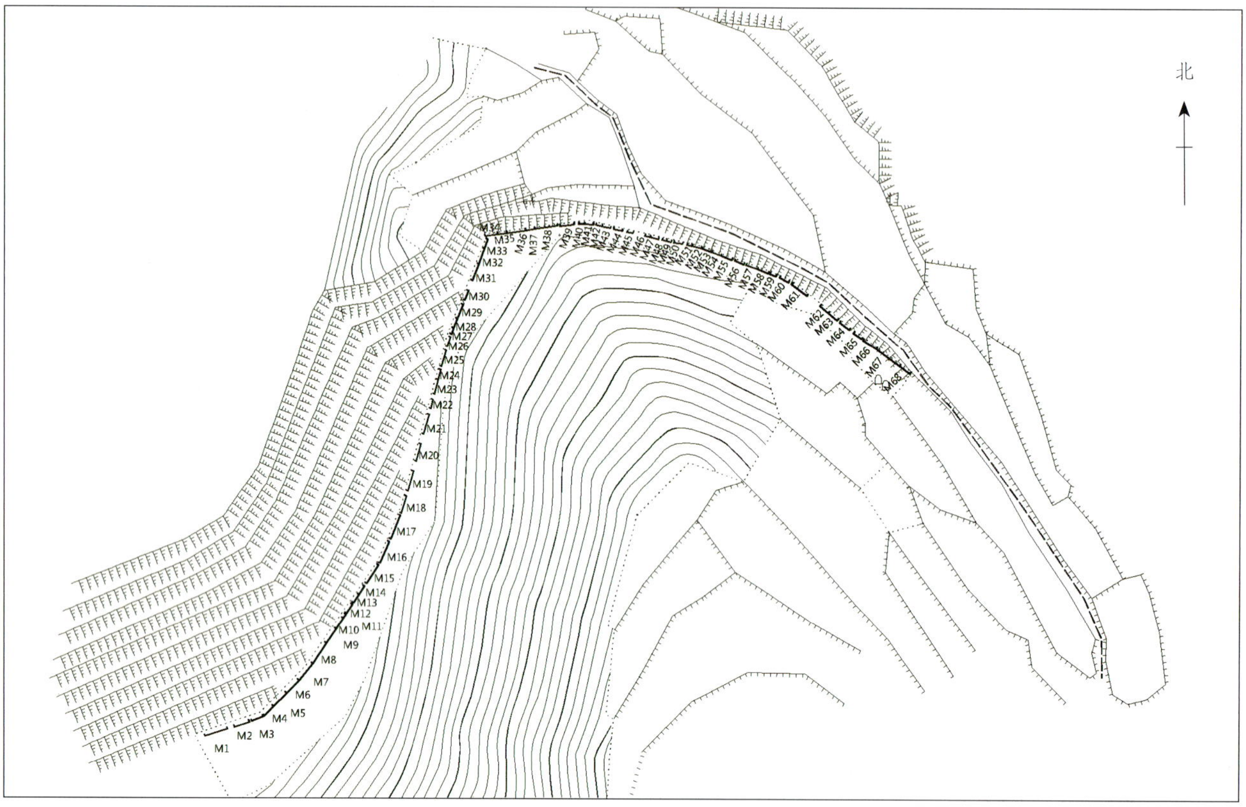

图三 苦马塘岩葬墓群平面分布图

米。龛内两圹并列，外部封门用大块青石错缝垒砌封门墙，封门上方嵌有阴刻青石碑记一块，碑面字迹漫漶不清。碑宽 0.36 米、高 0.15 米（图六）。

（二）拱券门型

共 3 座。封口端用砖拱成券洞，再以砖封闭，外抹白灰。一般不见墓主姓名标记。另有少量墓使用块石拱券及封口，立面嵌有简易墓碑。封口外壁与崖壁立面基本齐平。据调查，该型墓部分葬具为棺木。例如 M9，凹龛长约 2.66 米、高约 0.8 米。内列 3 圹，封门用青砖平砌，上端与岩壁基本齐平。封门顶部用青砖砌成拱券形，宽 0.8 米、高 0.45 米。封门外抹白灰（图七）。

（三）金屏门型

数量最多，共 60 座。封口端外部用青石或花岗岩条石竖砌分隔墓室，上部横架条石，门洞上方形成一简易台面，台面上通常摆有石香炉、花篮等。门洞以石板封闭。其外立面与当地椅子坟墓立面相同，俗称金屏门。屏门两侧立石常刻有楹联。封穴石大多使用青石整体雕刻而成，宽约 0.55 米、高约 0.9 米，或刻墓主姓氏，或阴刻铭文。墓室之间一般用砖分隔，外端在金屏门内侧也可能砌有砖券。根据该型墓立面相对崖壁的凹入程度及外部形状又可分为三式：

1. 立面齐平式

24 座。墓立面与崖壁立面基本齐平，或稍凹进，以免被崖壁雨水淋湿。金屏门外不附加建筑形式。如 M2 蒋公、王公墓，墓封门基本与岩壁齐平，凹龛总长 2.47 米、高约 1 米。并列 3 圹。前端封门处顶部及底使用整条青石横铺，中间立 4 根青石短方柱，将龛分隔为三长方形圹穴，内嵌封穴用青石板。立柱前面镌字联，封穴石上刻墓主姓氏及生平（图八）。

2. 上挖浅龛式

22 座。墓室凹龛掏挖较深，封门册入崖壁立面以内，上方崖壁掏挖出拱形浅龛，拱龛顶高 2 米左右，从而为后裔留出遮日避雨的祭祀空间。如 M17 王载坤墓，凹龛内列 3 圹，总长 3.9 米、高 1.4 米。因凹龛凿入很深，墓立面缩入崖壁以内，封门上部再凿出拱形浅龛，拱顶高约 1.8 米。墓立面形制与 M2 相似，唯两侧立柱外另置一条形石板，石板外沿拱形浅龛内壁向外架长条石凳各一张（图九）。拱形浅龛上方的崖壁上，从右往左横向阴刻楷书“王孔玠公墓”5 字，字径 0.8×0.98 米（图十）。

3. 外建拱廊式

14 座。在金屏门外用块石加建拱券形外廊，从而为后裔祭祀提供更体面的活动空间。与前二式相比，该式最为考究，除建有拱廊外，墓前常用块石砌边围出一长方形空地作为墓园，园内摆放石桌椅。有的还有雕饰，更显奢华。如 M5 严公墓，凹龛内列 3 圹，总长约 1.9 米、高 1 米。凹龛凿入较深，墓立面缩入崖壁立面以内，上部挖有拱形浅龛。墓立面形制与 M2 相似。立面上方形成简易祭台，祭台中部立方形青石板，上刻福禄寿三星图，两侧衬石立面刻龙凤图案，两端各置 1 座蹲狮。墓立面以外沿拱形浅龛内壁向外用规整块石砌成拱形外廊，外廊宽 2.9 米、拱顶高 2.3 米、进深 0.7 米。拱廊内陈设打磨光滑的圆形石桌 1 张、石凳 4 张。墓前另用条石砌边，围成一长方形墓园（图十一）。

需要指出的是，金屏门的各式之间存在一些过渡形态。如立面齐平式中有的墓立面上方已留出一定空间，只是不足以摆放墓碑及花篮等祭品而已。外建拱廊式一般都由上挖浅龛式扩建而成，有的可能因崖壁

图五 M25前立面图

图六 M55前立面图

图七 M9前立面图

图八 M2前立面图

图九 M17前立面图

图十 M17摩崖题刻

图十一 M5前立面图

图十二 下垟乡桂竹村二次葬

走向变化，仅于一侧建拱廊，另一侧上方仍依天然崖壁挖成浅龛。如M52蔡公墓、M53吴公墓。

以上各类墓葬以简易砖石门型较早，室内葬有金瓶，年代为清末至20世纪50年代，该型中又以封砖门墓为最早，封石门墓略晚些。最晚者为金屏门外建拱廊式，使用棺木或骨灰盒作为葬具，时间大都在20世纪80年代以后。其他类型墓建造年代为民国及1949年后，葬具除金瓶外，部分墓葬可能使用棺木（表一）。

根据墓穴形式，墓志、族谱记载以及当地口碑资料，墓葬群始于清末民初。岩葬墓主人均为当地人，早年多为贫苦山民，形制简朴，多不曾有墓碑，更遑论记载墓主生平的碑记了。其后，因该地符合风水观念，且具有洞龛干爽、日照充足等优势，遂受到富绅青睐，墓地多为当地王、张、邢、程“四大家族”所占据。如现存最早的纪年墓M6邢凤清墓，据族谱记载，邢凤清字伯驯，民国癸亥年（1923）当选省议会议员，民国22年（1933）卒于黄坦。又如M17王载坤墓，王载坤，当地豪绅，墓建于民国26年（1937）。

二　苦马塘岩葬墓群的文化内涵与特点

（一）岩葬墓群体现了该地独特的葬俗，为民俗学研究提供了实例

黄坦镇一带通行土葬，但一些穷苦山民因无钱无地，不得已采用岩葬之法。具体做法是：人死后入殓简易木棺，置放荒郊，取草或瓦片遮阳挡雨，大约3年之后，待尸体腐烂殆尽，再选择吉日，请人（当地称化枋师傅）拾取骨殖，装进金瓶（罐），厝于岩洞穴中。拾骨日期，一般选择冬至前后。孝男孝女穿白做孝，边置一席酒饭祭奉。化枋师傅打开棺盖，用一篾钳，从脚部开始自下而上依次将先人骨殖钳入金瓶（罐）中，头骨放置于顶部，再用罐盖封闭。之后收拾桌上酒饭，烧纸锭给亡者作盘缠，到新处安魂，然后放火焚烧棺木。

该葬俗为早期岩葬墓所普遍采用，属二次葬。二次葬是中国原始社会中普遍存在过的一种葬俗，其特征是将死者的尸骨进行两次和两次以上的埋葬。因为二次葬的一般都是皮肉腐朽后的骨骼，且多为易地安葬，所以又有“捡骨葬”、“洗骨葬”等称。其中以仰韶文化时期的二次葬出现最早[1]，到龙山文化时期，

表一　苦马塘岩葬墓群一览

墓　号	姓　氏	穴数（个）	年代（年）	类　型	备　注
M1	张公	4		金屏门上挖浅龛式	
M2	蒋、王公	3	2001	金屏门立面齐平式	
M3	邢永玲、张英房	2	1997	金屏门外建拱廊式	似与M4连体
M4	邢公	2		金屏门外建拱廊式	似与M3连体
M5	严公	3		金屏门外建拱廊式	
M6	邢凤清	3	1933	金屏门外建拱廊式	1999年重修
M7	王公、蒋公	3		金屏门外建拱廊式	
M8	邢公、王公	4		金屏门外建拱廊式	
M9		3		拱券门型	
M10	王公	2		金屏门外建拱廊式	似为后裔改建
M11		1		简易砖石门型	
M12		2		简易砖石门型	
M13		2		拱券门型	
M14	邢公	2	1998	金屏门立面齐平式	
M15	王公	3	1954	金屏门上挖浅龛式	
M16	程公	3	1994	金屏门外建拱廊式	
M17	王孔玠	3	1937	金屏门上挖浅龛式	上有摩崖题字
M18	严公	2		金屏门外建拱廊式	
M19	王公	3	1954	金屏门上挖浅龛式	
M20	王公	3	1995	金屏门上挖浅龛式	
M21	王公	3	2001	金屏门上挖浅龛式	
M22	王公	2	1996	金屏门立面齐平式	
M23	张公	2	1938	金屏门立面齐平式	
M24	王公	2	1954	金屏门上挖浅龛式	
M25		3		简易砖石门型	
M26	邢公	2		金屏门上挖浅龛式	
M27		1	1992	金屏门立面齐平式	
M28	邢氏	2	1993	金屏门立面齐平式	
M29	王公	2	1992	金屏门立面齐平式	
M30	程公	2	1956	金屏门上挖浅龛式	
M31	王公	3	2011	金屏门立面齐平式	
M32	张公	3	1973	金屏门外建拱廊式	
M33	蔡公	1	1995	金屏门外建拱廊式	
M34	邢公	2		拱券门型	
M35	王公	2	1993	金屏门立面齐平式	
M36	程公	3	1994	金屏门立面齐平式	
M37	王公	2	2002	金屏门立面齐平式	
M38	王公、邢公	5		金屏门立面齐平式	
M39	邢公	3	1956	金屏门立面齐平式	
M40	叶全仁	1		金屏门立面齐平式	
M41	蔡公	1		金屏门外建拱廊式	
M42	蔡公	1	1955	金屏门立面齐平式	
M43	邢公	2		金屏门立面齐平式	
M44	邢公	2		金屏门立面齐平式	
M45	李公	1	1957	金屏门立面齐平式	
M46	蒋公	1	1969	金屏门上挖浅龛式	
M47	王公	1		金屏门上挖浅龛式	

续表

M48	邢永俤	1	1993	金屏门立面齐平式	
M49	邢媛英	1		金屏门立面齐平式	
M50	叶公	2	1972	金屏门立面齐平式	
M51		1		简易砖石门型	
M52	蔡公	2	1994	金屏门外建拱廊式	一半上挖浅龛
M53	吴公	2	1983	金屏门外建拱廊式	一半上挖浅龛
M54	邢公	2	1987	金屏门上挖浅龛式	
M55	邢公	2	1959	简易砖石门型	
M56	蔡公	2		金屏门上挖浅龛式	
M57	蔡公	2	1997	金屏门立面齐平式	
M58	邢公	2	1999	金屏门立面齐平式	
M59	蒋公	1		金屏门立面齐平式	
M60	王公	2	1956	金屏门上挖浅龛式	
M61	雷公	3	1956	金屏门上挖浅龛式	
M62	雷公	2	1967	金屏门上挖浅龛式	
M63	蓝公	2	1956	金屏门上挖浅龛式	
M64	邢公	2	1960	金屏门上挖浅龛式	
M65	雷公	2	1956	金屏门上挖浅龛式	
M66	邢公	3	1981、2006	金屏门上挖浅龛式	
M67	陈、郑公	5		金屏门上挖浅龛式	
M68	周、郑公	2	1997	金屏门上挖浅龛式	

中原地区二次葬已基本消失。《墨子》卷六《节葬下》载："楚之南有炎人国者，其亲戚死，朽其肉而弃之，然后埋其骨，乃成为孝子。"这是关于二次捡骨葬的最早记载，而它在该篇中是作为奇风异俗来列举的。说明战国时期，南方古越人的一支仍存在二次葬俗。时至当代，壮族、土家族、彝族、畲族等少数民族的一些地区仍遗存此种葬俗[2]。部分汉族族群或地区，如客家族、上海崇明岛、皖南等地，二次葬俗也有零星存在[3]。

浙南一带，类似葬俗仍有零星残留，如附近下垟乡桂竹村一岩洞内，现仍保存较完整的金瓶（罐）60余只，据当地老人介绍，该处二次葬俗已有200多年的历史，最多时金瓶（罐）达300多只（图十二）。该葬地应为当地宗族所共有。苍南马站镇大门洋村大贡自然村罗家山一洞穴内发现金瓶6只，可能为一家族墓地。温州的二次葬俗沿用者多为汉族，并且都曾有过长途迁徙的经历，绝大多数为明清时期从福建迁入。这种葬俗通常只有少数无钱无地的山民使用，他们采用此种葬俗并非出于自愿，一旦死者后裔经济条件好转，多半会改为土葬或予重修。因而它所保留的原始性更少而功利性更强，同时显示这一葬俗已经日渐式微。

笔者认为，温州二次葬俗与族群迁徙历史息息相关，是先人们在频繁的迁徙过程中，为便于携带祖先遗骸而采用的一种葬俗。由于资源短缺、环境变化、躲避战乱等各种原因，一些族群被迫背井离乡，踏上漂泊、迁徙之旅。一方面，对祖先的依恋与崇拜使得他们不忍将故去的先人遗弃在可能永不返回的故土或旅途；另一方面，根植于农耕经济的安土重迁意识使得这些"在路上"的族群迫切寻求迁徙中的精神支柱。精神上的迷失使这些即将远离故土的族群渴望祖先给予精神上的支撑与鼓励，帮助应对迁徙途中的各种风险与挑战。于是他们将祖先遗骸装入陶罐，与族群一同踏上艰难的迁徙之路。据附近大峃镇中堡村周氏家谱记载，南宋宰相周必大之孙、周氏始迁祖周九龄为避元乱，举族南迁时便将其祖妣三具骨殖运回峃川（今中堡村）安葬。而在开始定居生活后，葬俗作为意识形态领域的一种形式并不会立即转变。温州山区环境闭塞，土地贫瘠，经济发展缓慢，客观上有利于这种习俗的延续。

（二）苦马塘岩葬墓群存续时间虽短，但演变轨迹清晰，是兼具岩葬墓和椅子坟特征的独特类型，进

一步丰富了浙南丧葬形式

与桂竹村、大门洋村的二次葬俗相比，苦马塘岩葬墓有其自身特色：首先，葬地并非天然洞穴，而是人工开凿的岩穴；其次，岩葬墓不是群葬，每位死者都有各自的墓穴；再次，墓穴外口封闭，形成密闭式空间，与罐葬群的开放式空间不同；最后，岩葬墓除少数无主坟外，墓主后裔每年都会进行清明扫祭。不难看出，苦马塘岩葬墓群的主要特色在于对岩葬及土葬习俗进行大胆借鉴、吸收与融合，从而促成了墓葬新类型的诞生。主要体现在以下几个方面。

1. 较早的简易砖石门型墓沿袭了“化枋拾骨”这一葬俗，但摒弃了家族乃至宗族先人共享开放空间的做法，接纳了传统土葬独享封闭空间的理念，使岩葬墓开始具有了部分土葬墓的外观特性。虽然苦马塘岩葬群中可能存在一室多罐的现象，但一室一罐仍是普遍现象。

2. 拱券门、金屏门型岩葬墓内的葬具并非都是金瓶（罐），有些墓直接使用了棺木葬具（一次葬）。从葬俗上看，它们应属不同的墓葬类型。金瓶（罐）葬具因采用拱券门形式显得更体面，而费用增加不多。棺木葬具采用岩葬形式则是因为岩葬具有土葬所没有的一些优势。在这里，不同葬俗的相互包容与接纳融合赋予了它们共同的外观形态。

苦马塘岩葬墓的“化枋拾骨”葬俗源于自外迁徙而来的族群，并为当地穷人所沿用，采用了椅子坟的封闭空间及体面的外观形式。其后随着富人的加入，不但使得椅子坟在岩穴中获得新生，进而创造出拱龛、拱廊样式，并由此诞生了一种包含有复杂葬俗特点的墓葬新类型，进一步丰富了浙南丧葬形式。

三 结束语

苦马塘岩葬墓的形成，除了跟当地的传统习俗有关外，也得益于独特的地理环境。苦马塘崖壁岩性属下白垩统朝川组地层，主要为一套氧化环境下的河湖相陆源碎屑沉积。底部或下部岩性为中厚层状暗红色或猪肝色粉砂岩，厚度 1.5 米左右。粉砂岩质较软，属软质岩，易开挖及风化，正好适于挖穴安放棺木。上部为厚层状灰紫色凝灰质砂岩、含砾砂岩组成，其厚度有 15—20 米。砂岩、砂砾岩质坚硬，属硬质岩，人工难以开挖，抗风化能力较强，可为下方墓穴提供安全可靠的庇护。优越的自然条件为附近无钱无地的山民寻觅安息之所提供了极其便利的条件。加之上方岩层厚，雨水极难渗入，洞内十分干燥，也使该地成为理想的埋葬处所。

苦马塘崖壁所处位置亦颇优越，符合民间风水观念。该处地形呈狭长马鞍形，岙内藏风聚气，崖壁位于山之阳坡，光照充足，后山挺拔雄伟，两侧有低山环护，崖前有一口山塘，对面又有一低峦形如“案山”，堪称风水佳地，故能赢得当地普通山民乃至富户的青睐。

苦马塘岩葬墓群于清末出现后，至 20 世纪 40—70 年代极盛，八九十年代衰落，前后长达百余年。该岩葬墓群为浙南岩葬习俗的形成、演化与衰亡提供了珍贵的研究资料，具有重要的价值。

注释

[1] 王仁湘：《我国新石器时代的二次合葬及其社会性质》，《考古与文物》1982 年第 3 期。丁兰兰：《略论郑洛地区仰韶文化成人瓮棺二次葬》，《四川文物》2008 年第 3 期。

[2] 梁敏：《捡骨葬——壮族主要的葬制》，《民族研究》1982 年第 6 期。朱世学：《土家族地区的“二次葬”及文化解读》，《三峡大学学报》（人文社会科学版）2012 年第 3 期。陈东：《送魂：民族学视野中的“二次葬”习俗》，《广西民族大学学报》（哲学社会科学版）2011 年第 33 卷第 5 期。张天禄：《福州市畲族志》，海潮摄影艺术出版社，2004 年，第 419 页。

[3] 王天鹏、江细久：《客家地区二次葬习俗探析》，《中国地方志》2012 年第 6 期。王霖：《崇明岛“启棺拾骨”葬仪探析》，《民俗研究》1997 年第 3 期。李抱荣：《安徽潜山二次葬习俗的考察》，《东南文化》1985 年创刊号。

长兴出土的青铜戈与镞

毛 波（长兴县博物馆 313100）

【摘要】长兴出土有商代至战国时期青铜戈16件，包括直内无胡戈、直内有胡戈、三角援戈三类；青铜镞18件，包括双翼镞、三翼镞、三棱镞、圆身有铤镞四类。它们型式多样、文化因素复杂，或与中原同类器近似，或有典型的吴越、楚的风格，个别戈、镞罕见于其他地方。这批青铜戈、镞是研究吴越地区先秦兵器发展的重要实物资料。

【关键词】青铜戈 青铜镞 先秦 长兴

长兴县博物馆收藏有商代至战国的青铜戈16件，青铜镞18件。这些青铜戈、镞大多为20世纪70年代长兴县兴修水利工程时从河道中出土而后通过各种渠道收集而来[1]，大部分未曾发表。现一并整理介绍，供相关学者研究。

一 青铜戈

长兴出土的16件铜戈，可分直内无胡戈、直内有胡戈、三角援戈三类。

（一）直内无胡戈

5件，分有肩和有阑二种。

1. 有肩戈

2件。1号戈（长港072），长兴港出土。援身平直无脊。有肩，援、内分界明显。无穿。器身轻薄，重30克。援长13.5厘米、内长3.4厘米（图一）。

2号戈（长港044），长兴港出土。形制基本同于1号戈，惟援中脊有棱线。器身轻薄，重47克。援中部纵向断裂。援长13.6厘米、内长4厘米（图二）。

2. 有阑戈

3件。3号戈（长港065），长兴港出土。援锋弧尖。援中脊凸起，平滑无脊棱。援上刃略外凸弧形，下刃略内凹。内中部有一凸点（仅一面有凸点）。整戈黄铜色。援长16.3厘米、内长5.7厘米（图三）。

4号戈（铜040）[2]，长兴港口公社（现虹星桥镇）出土。援中脊凸起，平滑无脊棱。内后部有与缘平行的窄条纹饰带，饰斜角云纹；内上有一圆穿；后缘有缺。整戈多处断裂，援上、下刃略残，援锋缺；援身多青绿色铜锈。援长18.3厘米、内长8.8厘米（图四）。

5号戈（长港026），长兴港出土。援体狭长，援中起脊，援前锋呈三角形。援下刃略内凹。援末阑侧有一方穿。直内，略向下倾斜，无穿，内后缘浅弧，下缘有倒刺。内后部有与缘平行的窄条凹槽纹饰。援长13.5厘米、内长6厘米（图五）。

（二）直内有胡戈

10件，依内上是否有穿及援身是否上扬分三种。

1. 直内无穿，援上刃与内上缘大体平行，或在同一水平直线上

5件。6号戈(长港073)，长兴港出土。援中起脊，援上刃微凹。中胡，阑侧三穿。内后缘弧形，有细小尖锐的倒刺；内中部有似徽记的内凹纹饰（两面皆

有）。整戈全身有较多的砂眼。援长16.6厘米、内长5.5厘米、胡长7.6厘米（图六）。

7号戈[3]（洪港04），洪山港（西苕溪支流）出土。援中起脊。长胡三穿。内后缘微弧近斜直，内前部有大致方形的内凹纹饰（两面皆有）。援中部断裂，侧阑中段缺。援长15.7厘米、内长5.6厘米、胡长7.1厘米（图七）。

8号戈（铜082），上莘桥出土。援中起脊，援锋钝尖。长胡三穿。内略窄于援，内上缘略低于援上刃。内前部有三道平行于上下缘的凸起纹线，后缘有缺。援长17.8厘米、内长6.2厘米、胡长8.7厘米（图八）。

9号戈[4]（长港081），长兴港出土。援中脊凸起，平滑无棱。中胡二穿。援上刃与内上缘连接成一微外弧的直线。内下缘有缺口；内上饰与缘平行的纹线及近似“目”形的纹饰，其纹饰手法类似减地平雕，纹线间形成凹坑，或为镶嵌槽（镶嵌物已脱落）。援长18.3厘米、胡长8.5厘米、内长6.4厘米（图九）。

10号戈（长港075），长兴港出土。援中起脊。援上刃略外凸弧形。长胡，阑侧四穿。援长12厘米、内长3.8厘米、胡长9.2厘米（图十）。

2. 直内有穿，援上刃与内上缘大体平行，或在同一水平直线上

2件。11号戈(长港082)，长兴港出土。援中起脊，援锋三角形。援上刃与内上缘近水平直线。中胡，阑侧三穿。内宽于援，内上有一条形穿。援长12.6厘米、内长5.2厘米、胡长7.7厘米（图十一）。

12号戈（长港067）[5]，长兴港出土。援体窄瘦，援中起脊，三角形援锋尖锐。长胡，阑侧四穿，阑侧上方附一鼻饰。短内，内后缘有切割痕迹。援长18.1厘米、内残长2.6厘米、胡长9.6厘米（图十二）。

3. 直内有穿，援上刃与内上缘不平行，援身上扬

3件。13号戈(长港024)，长兴港出土。援身上扬。援中起脊，援锋三角形。援上刃平直，下刃略内凹。长胡，阑侧四穿。内上有一条形穿。援长17.2厘米、内长5.2厘米、胡长10厘米（图十三）。

14号戈（长港083），长兴港出土。援身上扬。援中起脊，援锋尖锐。援上刃平直，下刃略内凹。中胡，阑侧三穿，其中阑侧最上一穿呈开口状。内上有一条

图一

图二

图三

图四

图五

图六

图七

形穿。援长13.9厘米、内长5.6厘米、胡长8.1厘米（图十四）。

15号戈（太湖01），太湖水域出土。援身略上扬，援中起脊，援锋尖锐。援上刃平直，下刃内凹。中胡，阑侧三穿。内上有长条形穿，饰双勾线凤鸟纹（两面纹饰不同）；后缘微有缺。援长17.6厘米、内长6.3厘米、胡长7.4厘米（图十五）。

（三）三角形窄援戈

1件。16号戈（长港074），下箬下莘桥出土。援身近三角形，援末上下各有一圆穿。援上刃略外弧，下刃近平直。援中起脊，脊两侧有凹槽，援锋尖锐。直内狭长，上、下缘略内凹。出土时援身断为三截。援长17.5厘米、内长10厘米（图十六）。

二　青铜镞

长兴出土的18件铜镞，可分为双翼镞、三翼镞、三棱镞、圆身有铤镞四类。

（一）双翼镞

12件，可分二种。

1. 中脊突出，与双翼间有明显分界

5件。1号镞（洪铜011），洪山港出土。中脊凸出，直达前锋。脊不透出本。两刃略弧。短铤。中脊两侧有镂孔。通长6.2厘米、铤长2厘米（图十七）。

2号镞（长港080）[6]，长兴港出土。双翼镂空镞。整器呈三角形，三锋尖锐。圆柱状中脊较细长。脊透出本，近关处渐粗。双翼有对称的两个大镂孔。短铤。通长9.5厘米、铤长2.4厘米（图十八）。

3号镞（长港058），长兴港出土。整器略呈三角形，三锋尖锐。圆柱状中脊，未达前锋。脊透出本，向后渐粗。双翼各有对称的两个较大镂孔。短铤，断面呈菱形。后锋略残。通长12.2厘米、铤长2.6厘米（图十九）。

4号镞（长港017），长兴港出土。中脊凸出，脊透出本。两翼后伸部分甚长，弧形外张。后锋锐利，略长于铤。通长7.2厘米、铤长2.7厘米（图二十）。

5号镞（铜045），太湖边村民上交。整器较小。中脊凸出，脊透出本。本、关间束腰。两翼略内凹。后锋锐利。通长3.8厘米、铤长1.2厘米（图二十一）。

2. 中脊呈单线形棱状，与双翼间无明显分界，镞身横断面作菱形

7件。6号镞（长港033），长兴港出土。锋尖锐，

镞身下段内收。下接细长圆铤。通长8.7厘米、铤长3.6厘米（图二十二，左）。

7号镞（龙溪港10）、8号镞（龙溪港05），皆龙溪港（即西苕溪）出土，形制同于6号镞。7号镞通长9.1厘米、铤长3.9厘米（图二十二，中）。8号镞通长9.7厘米、铤长4.1厘米（图二十二，右）。

9号镞（铜14），吴山乡收购站上交。镞身上部断面呈菱形，下部圆形。铤残。通长5.2厘米、铤残长0.1厘米（图二十三，左）。

10号镞（铜10），旧藏[7]。形制基本同于9号镞，两翼略窄。铤残。通长5.2厘米、铤残长0.1厘米（图二十三，右）。

11号镞（铜09），城郊收购站上交。镞身细长。短铤，断面呈圆形。锋略残。通长7.5厘米、铤长1.8厘米（图二十四）。

12号镞（长港032），长兴港出土。镞身叶状，中脊起棱。铤全残。残长4.3厘米（图二十五）。

（二）三翼镞

1件。13号镞（龙港09），龙溪港出土。镞身较窄，圆脊上附三翼（三刃），间距120度角，三刃成弧线收成前锋。无后锋。圆銎管。通长4.2厘米、銎管长1.7厘米（图二十六）。

图八

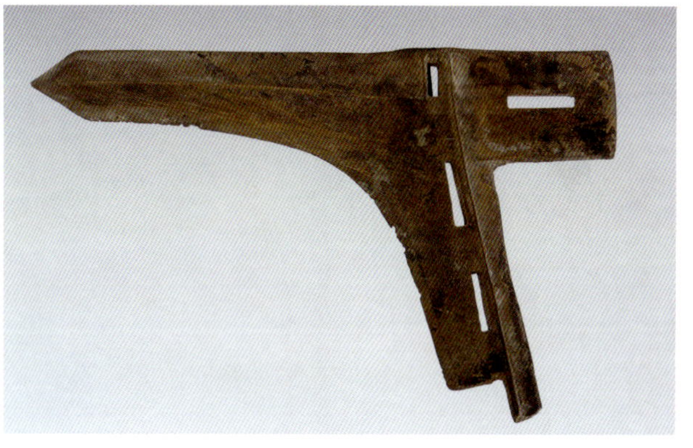

图十一

图九

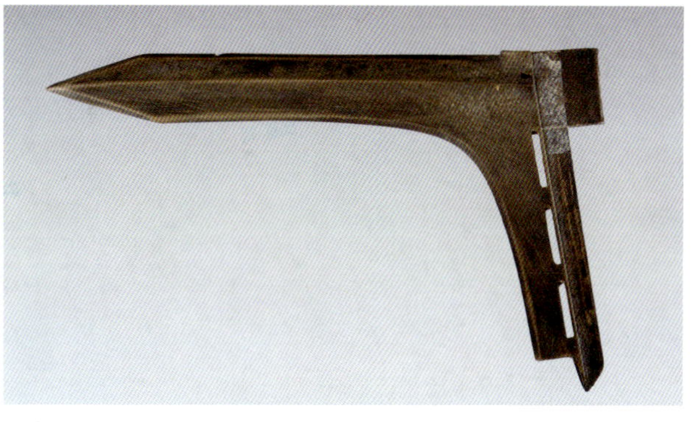

图十二

图十

图十三

图十四

图十五

图十六

（三）三棱镞

4 件。14 号镞（铜 033），里塘收购站上交。镞身下段渐内收。圆铤较短。通长 5.7 厘米、铤长 1.7 厘米（图二十七，左）。

15 号镞，合溪乡收购站上交。形制基本同于 14 号镞，唯器型较小。通长 4.4 厘米、铤长 1.6 厘米（图二十七，右）。

16 号镞（铜 043），小浦收购站上交。三棱自镞身底部向前呈斜直状态较缓地聚敛成锋。镞身三面均凹陷成血槽。铤短粗。通长 3.5 厘米、铤长 0.6 厘米（图二十八）。

17 号镞（铜 044），小浦收购站上交。三棱自底部向前呈斜直状态较缓地聚敛成锋。镞身后接粗短的銎管。通长 2.5 厘米、銎管长 0.5 厘米（图二十九）。

（四）圆身有铤镞

1 件。18 号镞（铜 05），吴山收购站上交。镞身断面大致呈圆形，镞身有 8 道竖棱。镞身上部尖头，纺锤状，中部束腰较大，底部比中部略粗。铤细长，断面呈方形。通长 8.4 厘米、铤长 3.7 厘米（图三十）。

三　青铜戈、镞的年代

（一）青铜戈的年代

长兴出土的这 16 件铜戈，型式多样，基本包括了先秦时期主要的铜戈类型。这些铜戈多零星出土于河道水域，其时代判定只能依据中原地区先秦铜戈的发展序列，并参照周边有明确断代的科学发掘出土的铜戈来推断。

1、2 号戈器身轻薄，应为明器。两戈直内无胡、有肩、无穿，应为早期铜戈形制。据学者研究，安阳地区殷墓铜戈明器化始于殷墟文化一期晚段[8]，则 1、2 号戈的时代大致为商晚期。值得注意的是，1、2 号戈最突出的特点是有肩。两戈虽为明器，应仿自实用铜戈。已知的出土资料中商代及以前的直内无胡铜戈罕见无阑而有肩的实例[9]。中国最早的二里头遗址所出的直内无胡铜戈，援、内等宽，无阑，二里岗期的直内无胡铜戈开始有阑，此后成为定制。无阑而有肩的特征在玉、石戈中倒是常见，二里头遗址以及更早的陕西神木石峁遗址就出土了有肩的玉戈，此后商、

图十七

图十八

图十九

图二十

图二十一

图二十二

图二十三

图二十四

西周时期也常见有肩的玉、石戈。有肩的设置是为阻止戈援后陷，与阑的作用有相似之处，而阑更为先进，因而商代直内无胡铜戈流行阑而罕见有肩[10]。1、2号戈出肩明显，在早期直内无胡铜戈中罕见，研究者可更多关注。另外，有学者指出，商代明器戈均为简化的曲内戈，没有商代流行的直内戈形式[11]。而1、2号戈为明器直内戈，显然有别于中原商代明器戈，这也是1、2号戈特别之处。

3号戈有阑、无穿、无脊棱，内部略居于援本中间，援下刃微有内凹。相似的有盘龙城楼子湾PLWM4:7、PLWM7：4、P：05等戈[12]。天马—曲村M6384：47戈形制也相似，唯内上有穿[13]。中原地区殷商或西周时期的直内无胡戈内上多有穿，而盘龙城出土有多件类似形制的无穿戈。这样看来，3号戈或与盘龙城青铜文化有一定的联系。盘龙城铜戈的年代相当于二里岗上层一期偏晚至二期偏早阶段。综合来看，可将3号戈的年代定为商代中晚期。

4号戈内部居于援本中间，与援本等宽或略窄；内上有穿以及斜角云纹纹饰带，后缘有缺。同类铜戈在商代早、中、晚期皆可找到，4号戈只能笼统定为商代器。

5号戈内后缘弧收有倒刺及内后段的凹槽纹饰在商代晚期戈中较为常见，而援锋呈直线三角形在无胡直内戈中却罕见。援锋呈三角形是较为靠后的作风，因此推测5号戈约为西周早中期器。

6至10号戈，直内无穿，援上刃与内上缘大体平行，或在同一水平直线上。此种形制的戈，出现于商代晚期，主要流行于西周早中期，西周晚期已不见[14]。各地亦有类似戈出土，如江苏丹阳出土（废品收购站拣选）有与6号戈形制极相似的一件戈

图二十五

图二十六

图二十七

图二十八

图二十九

图三十

(3:1041)[15]，滕州前掌大墓地出土有与8号戈相似的戈（M131：15）[16]，浚县辛村早期墓葬60号墓出土有与9号戈形制极相似的一件戈（M60：29＋32)[17]。综上,这几件戈的年代可拟订在西周早中期。

11号戈圭形尖锋，直内有穿，援上刃与内上缘在同一水平直线上。同类戈在江苏句容浮山果园二号墩[18]、浚县辛村[19]都有出土，以上二戈的年代分别为西周中期、晚期。因此11号戈的年代可定为西周中晚期。

12号戈特征明显，阑侧上方有鼻饰，短内。阑侧上方有鼻饰是吴越铜戈的重要特点，江苏六合程桥一号墓[20]、二号墓[21]，镇江谏壁王家山东周墓[22]、江苏六合和仁东周墓[23]等都出土有这种带鼻饰的铜戈。从墓葬出土带鼻饰铜戈的情况来看，此种铜戈流行于春秋晚期至战国早期。短内是12号戈的另一个特点。短内戈通常与长内戈组成联装戟，成为多戈戟的“下枝”部分。这种短内戈最早出现于春秋中晚期，至战国晚期结束[24]。12号戈应是这种戟戈。从总体形制上看，12号戈与江苏丹徒谏壁新竹青龙山春秋晚期墓中的C型戈极为相似(后者无鼻饰)[25]。综上，12号戈的年代可定为春秋晚期。

13号戈圭形尖锋，胡部窄瘦。一般认为，圭首戈流行于西周晚期至春秋早期。13号戈总体形制与江苏高淳里溪兵器窖藏出土的Ⅱ式戈近似[26]。肖梦龙认为高淳里溪兵器窖藏的年代为西周晚期至春秋早期[27]，马承源则将这批窖藏的Ⅱ式戈定为春秋中期[28]。高淳Ⅱ式戈援上刃与内上缘成一直线，而13号戈援身略上扬，时代应靠后，可定为春秋中晚期。

14号戈援锋尖锐近三角形，援上刃与内上缘不平行，援身上扬，其形制与江苏吴县何山春秋晚期墓[29]所出Ⅰ式戈相似。因此14号戈的时代可定为春秋晚期至战国早期。

15号戈内上有双勾线凤鸟纹装饰，这是楚文化铜戈的典型特征。该戈三角形锋膨大，锋刃转折圆钝，援身略显束腰。与之相似的有桐柏月河M22：7戈[30]、淅川下寺M36：19戈[31]、丹徒青龙山春秋大墓D型戈[32]等，时代分别为春秋早、中、晚期。而双勾线凤鸟纹为春秋晚期至战国早期流行的纹饰。综合考虑，15号戈可定为春秋晚期器。

16号戈总体上属于三角形窄援戈，但又不似一般三角援戈内上有穿或援中部偏后有一圆穿，其内长达10厘米也极少见，再结合此戈援身有明显的血槽，或亦可作匕首使用。从商代中期到周代早期，三角援戈曾广泛流行于黄河流域[33]，16号戈可能是受此影响的本地产品。再结合其戈铜质偏黄，其时代应不晚于西周早期。

(二) 青铜镞的年代

长兴出土的这18件铜镞，包括了双翼镞、三翼镞、三棱镞、圆身有铤镞几个大的类别。江南地区出土铜镞见诸报道的不多，且多为征集。笔者试依据北方地区先秦铜镞的发展序列大略推测长兴出土铜镞的时代[34]。

1号镞脊不透出本，此类铜镞流行于西周初年以前，推测此件铜镞为商代。

2、3号双翼镂空镞整器呈三角形，两翼宽展，与长安张家坡西周居住遗址出土的一件镞(T162:4C:14)相似[35]，可定为西周时期。

4号镞两翼后伸部分甚长，宽展且内弧，后锋尖锐外撇。江苏六合和仁东周墓出土的“双翼式”镞[36]、临沂凤凰岭东周墓出土的Ⅶ式镞[37]，其镞身形制近似4号镞，但都是有銎镞。4号镞两翼后伸和外撇显得更为夸张，其时代应更早。推测4号镞的年代约为春秋时期。

5号镞双翼内敛，流线形镞身，形制与江苏仪征破山口出土的铜镞极相似[38]，其时代也应相当[39]。

6至8号镞身断面呈菱形，两翼较窄，近于四棱形。山东章丘宁家埠战国墓出土有形制相同的铜镞(M110：12)[40]，所以6至8号镞应为战国时器。

9至11号镞形制大致与6至8号镞接近，也应属同一时期。

12号镞身呈叶形，叶形镞身的铜镞较为少见，多为商、西周时期。12号镞与郑州南关外C5T61①：18镞较为接近[41]，推测12号镞的年代大致为商代晚期至西周时期。

13号镞为三翼有銎镞，此类镞盛行于春秋晚期至战国时期。有銎镞流行于先秦北方地区（相对于中原地区)，中原及南方的有銎镞应是受到北方系铜镞的影响。13号镞可定为战国时期。

14至17号镞为三棱镞。三棱镞于战国早期开始流行，有学者推测其为弩矢。14至17号三棱镞应为战国时期器。

18号镞是圆身有铤镞。这种镞最早出现于商代晚期，西周时期数量有所增多，真正进入繁荣阶段是在春秋晚期到战国晚期，其型式多样，大多为平头无锋。据学者研究，这类不具直接射杀功能的铜镞应为弋射或礼射之用[42]。18号圆身有铤镞，虽有尖头，但钝尖，射杀功能很有限，应属弋射或礼射用镞。这件铜镞与江苏丹徒北山顶春秋墓中所出Ⅲ式、Ⅳ式镞相似[43]。18号镞身有多道竖棱，这一特点在此类镞中不多见；当阳赵家湖YM6：8[44]、山西原平刘庄塔岗梁东周墓Ⅱ式铜镞的其中一件[45]也有此特点，时代均为春秋晚期。综合来看，18号镞可定为春秋晚期。

四 结 语

长兴濒临太湖西南岸，乃苏、浙、皖三省交界之所，先秦时期为吴越之地。春秋时期，长兴先属吴国，吴王阖闾曾使其弟夫概筑城于此，城狭长，名长城，此即长兴最早得名之由来（长兴古名“长城”)。公元前473年，越灭吴，长兴属越。公元前306年，楚亡越，长兴又归楚。长兴及周边太湖地区是春秋战国时期列国争霸的战乱频繁之地。因此长兴境内出土有数量较多的青铜剑、戈、矛、镞等，是江浙地区出土先秦青铜兵器的重要地区。长兴出土的青铜兵器，时代从商代直到战国，型式多样、文化因素复杂。这些青铜兵器为我们研究先秦时期吴越地区的青铜兵器乃至整个青铜文化的发展，提供了重要的实物资料。

注释

[1] 本文中铜戈、镞多为长兴港或其支流出土，长兴港是长兴境内一条大致东西向、流入太湖的主干河流（长兴称河为“港”)。20世纪70年代，长兴进行大规模的疏浚长兴港、龙溪港及相关支流的水利工程，出土了大批各类文物，部分文物由博物馆直接征集入藏，部分经村民卖给废品收购站后由废品收购站上交。因此本地废品收购站上交的文物一般皆为当地附近出土。

[2] 夏星南《浙江长兴出土五件商周铜器》(《文物》1979

年第 11 期）文中对此戈有文字及拓片介绍。
[3] 夏星南《浙江长兴发现东周遗物》（《考古学集刊》第 5 集）文中对此戈有文字及线图（文中图一，13）介绍。
[4] 曹锦炎《浙江出土商周青铜器初论》（《东南文化》1989 年第 6 期）文中提到此戈并有图片（文中图版贰，2）。
[5] 考古资料中有鼻饰的铜戈内部皆有穿。此戈内部原应有穿，因此归类按有穿计。
[6] 浙江省博物馆收藏有长兴李家巷出土的与 2 号镞相似的双翼镂空镞，见蒋琳：《浙江省博物馆藏出土先秦青铜兵器》，《东方博物》第 25 辑，浙江大学出版社，2007 年。
[7] 博物馆因文物来源记录缺失，称为旧藏。作为县级博物馆，所谓旧藏，本地出土的可能性极大。
[8] 刘一曼：《安阳殷墓青铜礼器组合的几个问题》，《考古学报》1995 年第 4 期。
[9] 湖南采集有一件直内有肩铜戈（废铜站拣选），见周世荣：《湖南商周秦汉兵器研究（之一）》，《湖南考古辑刊》第 4 辑，岳麓书社，1987 年。
[10] 商、西周时期玉、石戈多见有肩，应与其非实用兵器有关。
[11] 郭妍利：《论商代青铜兵器的明器化现象》，《考古与文物》2006 年第 6 期。
[12] 湖北省文物考古研究所：《盘龙城——1963 年～ 1994 年考古发掘报告》，文物出版社，2001 年，第 369、385、423 页。
[13] 北京大学考古学系商周组等：《天马—曲村》第 2 册，科学出版社，2000 年，第 303 页。
[14] [24]李健民、吴家安：《中国古代青铜戈》，《考古学集刊》第 7 辑，科学出版社，1991 年。
[15] 肖梦龙：《镇江博物馆藏商周青铜器——兼谈江南吴器的地方特色》，《东南文化》1988 年第 5 期。
[16] 中国社会科学院考古研究所：《滕州前掌大墓地》，文物出版社，2005 年，第 313 页。
[17] 郭宝钧：《浚县辛村》，科学出版社，1964 年，第 43 页。
[18] 南京博物院：《江苏句容县浮山果园西周墓》，《考古》1977 年第 5 期。
[19] 同 [17]，第 42 页。
[20] 江苏省文物管理委员会等：《江苏六合程桥东周墓》，《考古》1965 年第 3 期。
[21] 南京博物院：《江苏六合程桥二号东周墓》，《考古》1974 年第 2 期。
[22] 镇江博物馆：《江苏镇江谏壁王家山东周墓》，《文物》1987 年第 12 期。
[23] [36] 吴山菁：《江苏六合县和仁东周墓》，《考古》1977 年第 5 期。
[25] 丹徒考古队：《丹徒青龙山春秋大墓及附葬墓发掘报告》，《东方文明之韵——吴文化国际学术研讨会论文集》，岭南美术出版社，2000 年。
[26] 江苏省文物管理委员会：《江苏高淳出土春秋铜兵器》，《考古》1966 年第 2 期。
[27] 肖梦龙：《吴国青铜兵器研究》，《考古学报》1991 年第 2 期。
[28] 马承源主编：《中国青铜器》，上海古籍出版社，2003 年，第 25、31 页。
[29] 吴县文物管理委员会：《江苏吴县何山东周墓》，《文物》1984 年第 5 期。
[30] 河南省文物考古研究所等：《河南桐柏月河墓地第二次发掘》，《文物》2005 年第 8 期。
[31] 河南省文物研究所等：《淅川下寺春秋楚墓》，文物出版社，1991 年，第 46 页。
[33] 沈融：《试论三角援青铜戈》，《文物》1993 年第 3 期。
[34] 以下对长兴出土铜镞时代的推测主要参考了石岩《中国北方先秦时期青铜镞研究》及朱凤瀚《中国青铜器综论》中的相关研究成果。
[35] 中国科学院考古研究所：《沣西发掘报告》，文物出版社，1962 年，第 93 页。
[37] 山东省兖石铁路文物考古工作队：《临沂凤凰岭东周墓》，齐鲁书社，1987 年，第 25 页。
[38] 尹焕章：《仪征破山口探掘出土铜器记略》，《文物》1960 年第 4 期。
[39] 破山口铜器的年代争议颇大，各学者观点从商末至春秋中期不等。
[40] 山东省文物考古研究所：《济青高级公路章丘工段考古发掘报告集》，齐鲁书社，1993 年，第 74 页。
[41] 河南省文物考古研究所：《郑州商城——1953 ～ 1985 年考古发掘报告》，文物出版社，2001 年，第 365 页。
[42] 石岩：《中国北方先秦时期青铜镞研究》，黑龙江大学出版社，2008 年，第 257—263 页。袁艳玲：《楚地出土平头镞初探》，《江汉考古》2008 年第 3 期。
[43] 江苏省丹徒考古队：《江苏丹徒北山顶春秋墓发掘报告》，《东南文化》1988 年第 3、4 期。
[44] 湖北省宜昌地区博物馆等：《当阳赵家湖楚墓》，文物出版社，1992 年，第 135 页。
[45] 忻州地区文物管理处等：《山西原平刘庄塔岗梁东周墓第二次清理简报》，《文物季刊》1998 年第 1 期。

镇江博物馆藏吴国青铜剑及初步研究

王 玲（镇江博物馆 212000）

【摘要】镇江博物馆藏有30余件青铜剑。本文通过类型排队，初步确定了这批剑的演变规律，并对各型式做了年代上的推断，最后与周边地区特别是越国出土的青铜剑作了对比研究。

【关键词】青铜剑 吴国 镇江

就考古发现来看，吴国兵器以戈与剑最多，其中又以剑最为著名。本文对镇江博物馆藏的吴国青铜剑作一介绍、整理，并就年代及相关问题作初步探讨。

一

镇江博物馆目前共藏有30余件青铜剑，现挑选其中的27件作分类介绍。

A型 3件。扁茎，平脊，圆首。根据剑身细部特征，又可分为三式。

Ⅰ式：1件。三角形锋，前锷狭收，剑身平直、无脊。一字形窄格，扁茎，近首处中空。喇叭形圆首。江苏高淳县下大路出土，断为四截，后修复完整。通长30.2厘米，剑身长22厘米、宽3.7厘米（图一）。

Ⅱ式：1件。剑身前锷渐收成锋，平脊，厚宽格，上饰兽面纹，圆实茎上有双箍，圆首中有一孔，饰物缺，首内饰有两组同心圆夹一圈凸棱，每组由两圈同心圆组成，槽底密布细密的绳纹。高淳废品站收购，断为四截，后修复。通长39.5厘米，剑身长30.7厘米、宽3.5厘米（图二）。

Ⅲ式：1件。剑身狭长，渐收成锋，平脊。厚宽格，上饰兽面纹，内嵌绿松石，部分剥落。圆茎上有双箍。高淳废品站收购，断为五截，缺首部，后修复。残长43.2厘米，剑身长39.3厘米、宽3.8厘米（图三）。

B型 3件。多宽格，扁茎，中部近平，近首处圆形，两侧带有耳饰。根据剑身细部特征，又可分为三式。

Ⅰ式：1件。中起脊，刃磨损，两锷渐收成锋。宽格，一面饰有叶脉纹，一面素面。扁圆实茎，中部近平，两侧带有耳饰。喇叭形首，中有一孔。丹徒大港烟墩山（砖瓦厂）出土，断为两截，首部残，后修复完整。通长35.5厘米，剑身长26.3厘米、宽4厘米（图四）。

Ⅱ式：1件。剑身前端弧收成锋，中起脊，两从凹陷成血槽。凹形宽格，上饰几何纹饰。方扁平茎，两侧有耳饰，近首处圆形、中空，喇叭形首。句容县农副产品公司收购，断为两截，后修复完整。通长42.1厘米，剑身长33.6厘米、宽4.8厘米（图五）。

Ⅲ式：1件。剑身前锋窄尖，尾部微收，剑脊突起，两从凹陷成血槽，无格。剑身与茎之间有一束腰，茎前端为扁方形，两侧带有耳饰，下端圆形中空，有双箍，圆首。江苏金坛废品站拣选，基本完整。通长30.5厘米、宽2.7厘米（图六）。

C型 5件。一字形窄格，扁茎，有首。根据剑身细部特征，可分为三式。

Ⅰ式：2件。前端弧收成锋，中脊凸起呈条状，窄从，两从凹陷成血槽。一字形窄格。扁圆茎，中

图一

图二

图三

图四

图五

部两端略有棱边，近首处圆形、中空，圆盘首。其一，高淳废品站收购，断为两截，后修复完整。通长36.1厘米，剑身长28.5厘米、宽4厘米(图七)。其二，高淳土产公司废品库收购，前锷及锋残缺，腐蚀甚，修复完整。通长38.6厘米，剑身长30.6厘米、宽4.5厘米（图八）。

Ⅱ式:3件。剑身宽短，两锷前端收狭，尖锋，棱脊，斜宽从，两从凹陷成血槽。一字形窄格，扁菱形实茎，近首处圆形、中空，圆首。其一，高淳废品收购站拣选，基本完整。通长36.2厘米（图九）。其二，高淳废品站收购，基本完整。通长36.6厘米，剑身长27.9厘米、宽4.4厘米（图十）。其三，上党凌塘水库工地出土，剑锋残缺，修复完整。残长29.9厘米，剑身长21.5厘米、宽4.2厘米（图十一）。

D型　5件。一字形窄格，圆茎。根据剑身细部特征，可分为四式。

Ⅰ式：1件。剑身狭长，窄从，两从凹陷成血槽，中脊凸起呈条状贯至锋部。一字形窄格，扁圆茎，近首处渐宽呈圆形，中半空，圆首，面平。丹徒县谏壁公社粮山顶部出土，剑锋略缺，剑首残缺，后修复完整。通长42.5厘米，剑茎长6.4厘米、剑宽3.9厘米（图十二）。

Ⅱ式：1件。三角形锋，中起脊，两从斜窄，剑身截面呈菱形，一字形窄格，圆茎中空，平圆首，素面无纹。1987年大港青龙山M2出土，修复完整。通长32厘米，剑格宽3.6厘米、首宽3厘米、剑身厚0.9厘米（图十三）。

Ⅲ式：2件。剑身起脊，两从凹陷成血槽，前锷

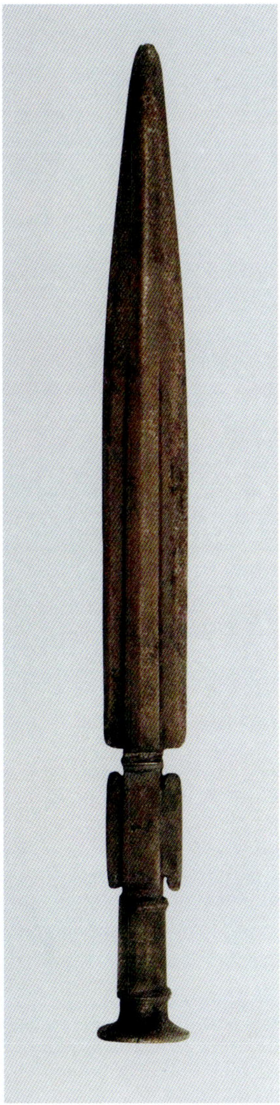

图六

图七

图八

图九

图十

图十一

图十二

图十三

收狭，尖锋，一字形窄格，圆茎中空，近首处加粗，圆首，面平。其一，唐嵩山先生捐赠，刃部略损。通长41.5厘米，剑身长32.6厘米、宽3.8厘米（图十四）。其二，高淳砖场公社大后大队出土，圆实茎，基本完整。通长51.6厘米（图十五）。

Ⅳ式：1件。剑身短，斜从，前锷收狭，一字形窄格，扁圆实茎，圆首。上党西六水库出土，朱连忠捐赠。剑锋缺，后修复完整。残长30.9厘米、宽5.4厘米（图十六）。

E型　5件。厚格，圆茎，以双箍居多。根据剑身细部特征，可分为四式。

Ⅰ式：1件。剑身隆起成脊，斜宽从，厚宽格，宽格一面饰兽面纹，一面饰几何勾连云纹，内饰有细密的地纹。圆茎，近格处有一凸箍，上饰有云纹，近首处中空。喇叭形圆首，有直裙，首内饰两圈绳纹夹一圈凸弦纹。高淳废品站收购，尖锋残缺，后修复完整。残长27.6厘米、宽4.1厘米（图十七）。

Ⅱ式：2件。剑身较短，中起脊，斜从，厚宽格，上饰兽面纹，圆茎上有双箍，喇叭形首，上多饰同心圆。其一，江苏高淳县下大路出土，剑首中嵌绿松石。断两截，锋残缺，锈蚀甚，后修复完整。残长31.2厘米、宽3.9厘米（图十八）。其二，高淳废品站收购，剑锋残缺，剑断成两截，现修复完整。残长29.1厘米、宽3.4厘米（图十九）。

Ⅲ式：3件。剑身中起脊，两从凹陷成血槽，凹宽格，上饰兽面纹，并镶嵌绿松石，部分剥落。圆茎，多双箍。其一，溧阳长荡湖内出土，圆茎中空，箍上饰云纹，剑首内饰一周宽凸纹带。基本完整，长40.2厘米、宽3.5厘米（图二十）。其二，丹阳废品收购站拣选，剑身前端残缺。扁圆茎，无箍，近首处渐成圆形，中空。圆首饰同心圆三组，内饰复线三角纹。残长22厘米，剑茎长6.9厘米、剑宽3.8厘米（图二十一）。其三，句容东山脚赤山湖总河出土，前锷断，现修复完整。格一面饰兽面纹，一面素面内凹，圆实茎箍上饰云纹，剑首内饰两组四道同心圆，夹两圈连珠纹。通长52.3厘米，剑茎长6.9厘米、剑宽3.7厘米（图二十二）。

F型 4件。形制高度相似，暂不分式。剑身较窄长，两从凹陷成血槽，中有脊，前锷略收狭，尖锋，凹形宽格。圆实茎上双凸箍，喇叭形首。其一，江苏省商店拣选，圆实茎近首处加粗，尖锋残断，现修复完整。残长35.4厘米，剑茎长8厘米、剑宽4.8厘米(图二十三)。其二，丹阳废品收购站拣选，剑首、剑锋残缺，现修复完整。残长33.5厘米、宽5.2厘米(图二十四)。其三，谏壁电厂出土，锋残缺。残长56.5厘米、宽4.5厘米(图二十五)。其四，唐嵩山捐赠，首残缺，前锷略缺，锈蚀，后修

图十四

图十五

图十六

图十七

复完整。通长43厘米，剑茎长7.5厘米、剑宽3.9厘米（图二十六）。

G型　1件。狭长，两从凹陷成血槽，中起脊呈条状贯至锋部，无格，扁茎，中下端有一孔，末端微收，无首，但带有镶格和木柄痕迹。丹阳废品收购站收购，剑身残断成两截，现修复完整。通长41.2厘米、宽3厘米（图二十七）。

二

以上介绍的这批剑中，考古出土的很少，多数为征集或收购而来，缺乏伴随物和地层关系，给推断年代带来了困难。本文根据高淳下大路西周墓、大港青龙山春秋墓和上党凌塘水库墓葬的年代，借助于周边地区考古出土的青铜剑，以期对以上27件铜剑的年代作一推断。

AⅠ式剑的形制，与华山土墩墓出土的一件剑相同[1]，该墓同出一件青铜凿以及26件原始瓷，年代在西周后期偏早阶段。高淳下大路同出的还有鼎、尊、箭镞、灰陶坛等，刘兴认为其年代“应是西周中期或者还可能早些”[2]。因此AⅠ式剑的年代可以推定在西周中晚期。AⅡ式剑的形制与江苏武进县淹城遗址出土的1件剑[3]、浙江长兴出土的9号剑、11号剑[4]相似。淹城遗址的年代明确，为春秋早期。这种平脊剑在溧阳竹箦乡中梅大队下土墩墓也有出土，据调查，溧阳竹箦乡中梅大队下土墩墓所出的几何印纹陶和原始瓷的器形、纹饰与句容浮山果园二号墩所出器物相似，属西周中期或略晚[5]。综上，推断AⅡ式剑的年代上限约在西周中期，下限为春秋早期。AⅢ式剑与皖南出土春秋晚期剑的特征相同，定在春秋晚期比较合适。

平脊剑是吴国的早期剑制，由于杀伤力不强，不适于实战，春秋中晚期之后被淘汰，但并没有完全退出历史舞台，在其他地区还偶有出现。如1965年河北省易县燕下都出土的战国晚期平脊剑[6]、1980年吉林省集安县出土的赵国平脊剑等[7]。

B型剑中，BⅠ式剑同出有一件青铜戈，该戈

图十八

图十九

图二十

形制与江苏句容浮山果园西周墓出土的戈（M8:9）[8]相似，该戈的年代为西周中期。因此 B Ⅰ式剑的年代可推定在西周中期。与 B Ⅰ式剑相比，B Ⅱ式剑的剑身变长，两从有血槽，年代应晚些，约在西周晚期前后。B Ⅲ式剑的形制与浙江长兴出土的 3 号剑、4 号剑、5 号剑相似，上限在西周晚期，下限在春秋早期。

扉耳剑也是吴国早期流行的短剑之一，扉耳最先可能是铸造时范缝溢出的剩铜，后得到启示有意予以设置，只在两周之际流行。扉耳的功能与茎上双箍相近，均为使握手防滑。春秋以后，因不便握手而被淘汰。

C 型剑为扁茎剑，其基本形制无大的变化。C Ⅰ式剑扁茎附有矮扉耳，似乎是从屯溪 M3 所出 1 号剑的一对扉耳演化而来，显示出早期剑的特征，年代定在春秋早中期比较合适。与 C Ⅰ式剑相比，C Ⅱ式剑较晚。其中上党剑出自于墓葬，同墓尚有青铜戈、矛以及原始瓷碗残片共出，该墓的年代为春秋中晚期。因此，C Ⅱ式剑的年代可以推定在春秋中晚期。

扁茎剑的形制可能与 A Ⅰ式剑有渊源关系，自春秋开始，该式剑出现了较大发展，扁茎由于使用不便，逐渐遭到摒弃，至春秋晚期圆茎窄格圆首剑开始流行，但扁茎剑仍偶有发现。

D 型剑多见考古发掘出土，地层关系明确，伴随物丰富，为确定其年代奠定了基础。同类器如安徽青阳县龙岗 M1[9]、江苏六合县和仁[10]出土的青铜剑等。龙岗 M1 的年代为春秋晚期，六合县和仁墓葬的年代大体处于春秋晚期到战国初期。其中 D Ⅱ式剑出自大港青龙山 M2，青龙山墓葬的年代为春秋中期。因此 D 型剑的年代可以推定在春秋中晚期到战国初期。

E Ⅰ式剑为宽格单箍剑，出土的数量很少，只在吴越地区早期偶有发现，如安徽屯溪 M3 出土的一件（M3:2）[11]。E Ⅰ式剑的剑格满刻云形勾连纹图案，对比丹徒大港烟墩山出土的西周早期勾连纹双耳盘[12]，该剑上的纹饰更加精致，明显成熟些，年代应略晚。由此可以推断，E Ⅰ式剑的年代上限可

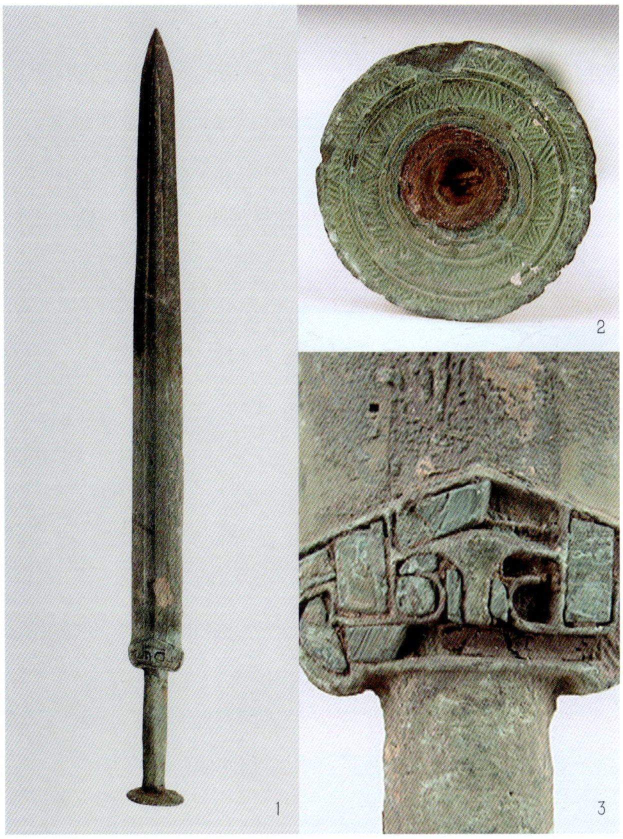
图二十一

图二十二

图二十三

图二十四

图二十五

图二十六

图二十七

到西周早期，下限可到西周中晚期。EⅡ式剑中，高淳下大路青铜器的年代为西周中期。高淳废品站收购的剑与之相比，剑身变长，剑脊突出，年代要晚些，推断在西周晚期或稍晚。溧阳剑阔厚格，年代应更晚，当为春秋时期。综合考虑，EⅡ式剑的年代可以推定在西周中晚期到春秋早期。EⅢ式剑的形制，与安徽铜陵 A127 剑[13]接近。该类剑在春秋晚期至战国早期流行。

F 型剑可以江苏六合程桥东周墓[14]、江苏六合程桥二号东周墓[15]以及江苏六合县和仁墓出土的双箍剑为断代标尺。六合程桥二墓的年代皆为春秋末期，六合县和仁墓葬的年代大体处于春秋晚期到战国初期。因此，F型剑的年代可以推定在春秋晚期到战国早期。

G 型剑为吴越剑中的异类剑，与西周前期中原地区流行的扁茎柳叶形短剑以及春秋时期楚国境内的扁茎剑较为相似。毛颖论证吴越地区的扁茎（折肩）剑起源似与楚地的扁茎剑有关，而后者可能受到东周中原地区及巴蜀地区的柳叶形剑影响[16]。考古发掘显示楚国境内折肩扁茎剑较为流行，如湖南宁乡黄材一次就出土 29 件，除一件空茎剑外，其余全是折肩的扁茎剑，其肩作斜折，具有早期扁茎剑的特征[17]。因此有人认为至迟在春秋早期的吴、越一带（包括楚地），确已从短剑中分离出一种扁茎短剑——铍[18]。G 型剑的前锷弧收成锋，中脊凸出呈条状，判断其年代大体处于春秋早期。

综观镇江博物馆藏的这批青铜剑，可知吴国青铜剑的形制演变趋势为：剑身加长，剑脊由不甚明显—

线脊—柱脊—棱脊，截面由平厚到凹弧、有血槽，前锷收狭、刃缘从不甚分明到分明，刃部由直刃变为弧线内收。以上形制的变化，都是为了改进强度，加强直刺功能，提高杀伤能力，使其在步战中发挥最大程度的作用。

三

《庄子·刻意》云："夫有干越之剑，柙而藏之，不敢用也，宝之至也。"《战国策·赵策》云："夫吴干之剑，肉试则断牛马，金试则截盘匜。"《越绝书》卷十一载："昔者，越王句践有宝剑五，闻于天下。"可见吴、越剑质精物美，为各诸侯所称道。而吴、越均有各自的青铜剑制造技术，吴越地区的早期青铜文化相互影响，同时也存在着差异，春秋之后逐渐融合统一，这在吴、越剑中也有体现。形制上，早期越剑主要有无格扉耳剑、有格圆茎剑，如浙江瓯海土墩墓出土短剑、长兴1号短剑等。吴地的早期剑则多扁茎、薄格，从而形成南北两大系统[19]。在发展演变过程中，吴、越剑相互影响、相互作用。到了春秋战国时期，越剑与吴剑形制逐渐统一，皆以窄格圆茎圆首剑和宽格圆茎圆首剑为主流剑制。纹饰上，早期的吴剑除了剑首、格和剑茎上饰以少量纹饰外，多素面。而早期越剑装饰华丽，有的甚至器身满饰花纹，如长兴3号剑等。春秋战国时期，吴、越式剑的纹饰渐趋统一，以兽面纹厚格和同心圆剑首为突出代表。

综上，吴、越青铜剑的关系，可以先异后同概述之。

注释

[1] 南京博物院等:《江苏丹徒横山、华山土墩墓发掘报告》,《文物》2000年第9期。

[2] 刘兴:《镇江地区近年出土的青铜器》,《吴文化资料选辑》第三辑，江苏省吴文化研究会，1981年。

[3] 陈颂华、徐伯元:《淹城遗址》,《常州古今》1980年5月。

[4] 夏南星:《浙江长兴发现一批吴越楚铜剑》,《文物》1979年第11期。

[5] 肖梦龙、刘伟:《吴国青铜器综合研究》，科学出版社，2004年，第88页。

[6] 河北省文物管理处:《河北易县燕下都44号墓发掘报告》,《考古》1975年第4期。

[7] 集安县文物保管所:《吉林集安县发现赵国青铜短剑》,《考古》1982年第6期。

[8] 南京博物院:《江苏句容县浮山果园西周墓》,《考古》1977年第5期。

[9] 青阳县文物管理所:《安徽青阳县龙岗春秋墓的发掘》,《考古》1998年第2期。

[10] 吴山菁:《江苏六合县和仁东周墓》,《考古》1977年第5期。

[11] 殷涤非:《安徽屯溪周墓第二次发掘》,《考古》1990年第3期。

[12] 杨正宏、肖梦龙:《镇江出土吴国青铜器》，文物出版社，2008年，第31页。

[13] 朱华东:《皖南周代青铜剑初论》,《东方博物》第25辑，浙江大学出版社，2007年。

[14] 江苏省文物管理委员会、南京博物院:《江苏六合程桥东周墓》,《考古》1965年第3期。

[15] 南京博物院:《江苏六合程桥二号东周墓》,《考古》1974年第2期。

[16] 王结华、毛颖、刘丽文:《古越遗珍研究》，科学出版社，2010年，第66页。

[17] 湖南省博物馆:《湖南省博物馆新发现的几件铜器》,《文物》1980年第8期。

[18] 王学理:《长铍春秋》,《考古与文物》1985年第2期。

[19] 朱华东:《吴越式青铜剑起源与发展初论——以吴越早期剑为中心》,《安徽史学》2009年第6期。

楚国申县彭氏家族墓地出土青铜器矿料来源的初步研究

牛 沛（广州市文物考古研究所 510030）

【摘要】本文利用电感耦合等离子体发射光谱对彭氏家族墓地出土部分青铜器样品的示踪微量元素含量进行检测分析，在此基础上，与已发表的各矿冶遗址冶炼产品微量元素数据进行聚类分析，并结合文献和考古资料，初步探讨了彭氏家族墓地出土青铜器的矿料来源。研究结果表明，彭氏家族墓地出土青铜器的铜料可能来自于长江中下游铜矿带。

【关键词】申县彭氏家族墓 青铜器 矿料来源 示踪微量元素

2008年6月，南阳市文物考古研究所在南阳市名门华府小区进行文物钻探时，发现了一批楚国贵族墓，出土了大量有铭文的青铜礼器、兵器、车马器和玉器等，是南阳地区发现的比较重要的春秋晚期楚国贵族墓。通过对此次发掘的M1和M38出土铜器铭文的初步考释，可以确定墓主人分别为“彭启”和“彭子射”。该墓地被评为2008年度河南省五大考古新发现[1]。

自20世纪70年代以来，在名门华府小区附近地区还发现过“申公彭宇”墓[2]、“申公之孙彭无所”墓[3]、“彭子寿”墓[4]。从目前已经发掘的墓葬看，这一地区发现的带铭文的5座墓葬均为彭氏男性墓，墓葬自北向南按年代顺序一字排开，分布于前后五排之中，证明这是一处春秋时期楚国申县的彭氏家族墓地[5]。墓地中年代最早的是“彭宇”墓，位于墓地最北侧，最晚的是“彭启”墓，在墓地最南侧，中间依次是“彭无所”墓、“彭子射”墓和“彭子寿”墓。

申国是西周时期著名的古国之一，地处南阳盆地，在当时的政治、经济、军事等方面都占据着相当重要的位置。楚文王二年（前688），楚国出于北上中原的需要，首先攻击位于战略要地的申国[6]。楚国在所灭诸侯国内设置大夫一级的“公”来管理该地事务[7]。《左传·哀公十七年》载：“彭仲爽，申俘也，文王以为令尹，实县申、息……”杜预注：“楚文王灭申、息以为县。”自此以后，申县成为楚国北方的重镇、楚师北进争霸中原的军事战略要地，同时还是楚师兵源的产生地和兵赋供给地[8]。经过对相关历史文献的梳理，可以看到，西周时的申国及楚国的申县在两周时期具有重要的地位。

在此基础上，参考彭氏家族墓地的发掘资料[9]、淅川下寺春秋楚墓发掘报告[10]中青铜礼器的组合关系，可以确定：M1（彭启）、M2为夫妻异穴合葬墓，年代为春秋晚期后段，M38（彭子射）年代为春秋晚期前段。而前文提到的“申公彭宇”、“申公之孙彭无所”、“彭子射”、“彭子寿”、“彭启”应该就是“彭仲爽”的后人，且这五位彭氏男性墓多陪葬有五鼎四簋和车马坑，说明申县彭氏家族在楚国身份地位相对较高，世代为楚大夫，居于楚国上层政权中。

目前对彭氏家族墓地出土青铜器的研究主要围绕器物描述、类型学分析[11]及铭文考证[12]等方面。本文利用电感耦合等离子体发射光谱（ICP-OES）分析了彭氏家族墓地出土部分青铜器样品的示踪微量元素含量，在此基础上与湖北大冶、安徽南陵、铜陵、宁夏照壁山等矿冶遗址出土冶炼产品进行聚类分析，从研究古铜矿输出方向的角度，对彭氏家族墓地出土青铜器的铜矿料来源问题作初步探讨。

一　样品检测与分析

那些在冶炼过程中富集在金属铜中的微量元素，能最大限度地保留铜矿的产地信息。前人的研究结果表明，在铜矿的冶炼过程中，Ag、As、Au、Bi、Se、Te等亲铜元素和Co、Ni、Mo、Zn等元素富集于金属铜中，具有指示矿料来源的意义[13]。根据已普遍认可的示踪元素选择原则，本文针对这些元素进行分析。

对12个青铜器残片进行严格表面除锈处理后，取下一块（约0.1g），用蒸馏水作超声波清洗，至清洗至无污浊时，取出样品干燥。将干燥好的样品送往中国科学院地质与地球物理研究所元素分析试验室，利用美国热电公司生产的IRIS Advantage型全谱直读电感耦合等离子体发射光谱仪（ICP-OES）作测试分析。彭氏家族墓地12个青铜器残片的测试结果如表一所示。

测试条件：焦距0.38m；光栅为52.6grooves/mm，64.1°闪耀角，21°棱镜；波长范围175～1050nm；倒线色散率（nm/mm）分别为200/0.52，400/1.5，600/2.25；氩辅助气流量0.5L/min；雾化压力1.99×105Pa；直接耦合式RF发生器，27.12MHz，高频发生器功率1150W；积分时间：长波（>265nm）10s，短波（<265nm）10s；检测器（CID）为512×512独立检测单元。

二　与各矿冶遗址的冶炼产品对比

要利用古铜矿的输出方向解决青铜器的矿料来源问题，必须对古矿冶遗址进行系统的研究，明确古铜矿对应冶炼金属产物的示踪微量元素特征。

目前已发现的三代时期古矿冶遗址主要分布于长江中下游和黄河流域[14]。如位于长江中下游矿冶遗址带的湖北大冶铜绿山、阳新港下，湖南麻阳，江西瑞昌铜岭，皖南的铜陵、南陵、繁昌等矿冶遗址；位于黄河流域的山西中条山矿区和宁夏照壁山矿冶遗址；位于辽西地区的内蒙古林西大井矿冶遗址；位于西北地区的新疆伊犁奴拉赛矿冶遗址。

由于古矿冶遗址、遗物的珍贵性、特殊性等缘故，已发表的冶炼产品示踪微量元素数据比较少。除内蒙古林西大井矿冶遗址尚未发现铜锭或较大的能代表冶炼产品特征的铜颗粒，目前已经过分析测试的有湖北大冶铜矿区出土古铜锭（铜颗粒）、皖南地区古矿冶遗址出土古铜锭（铜块）、山西中条山矿冶遗址出土铜块、宁夏照壁山矿冶遗址炼渣中夹杂的较大铜颗粒（表二）。中条山矿冶遗址铜块样品所检测出的示踪微量元素种类较少，因此未列于表中。

根据表二，皖南铜矿冶炼产品中As元素含量比湖北高，而Ag、Bi的含量又比大冶的稍低。尽管大冶铜锭和铜绿山铜颗粒两个样品都来自湖北大冶矿区，但它们之间仍有可察觉的差异。宁夏照壁山铜颗粒的As、Sb、Zn含量特别高，而Se、Te的含量明显低于其他矿冶遗址的样品；其Ag、Bi的含量高于皖南；但是Ag的含量低于大冶。结果表明，皖南与湖北、宁夏古矿冶遗址冶炼产品中的示踪微量元素含量差异较为明显。

同时，这些测试结果的相互比较也进一步证实了各矿冶遗址的冶炼产品在示踪微量元素特征上确实存在差异。不同成矿带铜矿的冶炼产品，其示踪微量元

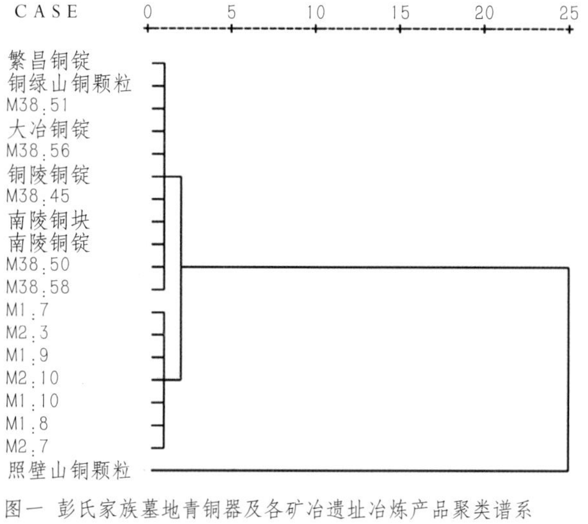

图一　彭氏家族墓地青铜器及各矿冶遗址冶炼产品聚类谱系

表一　彭氏家族墓地出土青铜器示踪微量元素含量（μg/g）

样品编号	样品名称	Ag	As	Au	Bi	Se	Te	Co	Ni	Mo	Zn
M1:7	簠	436.30	3985.00	19.33	826.15	8.80	101.70	33.60	137.00	13.00	809.40
M1:8	鼎	437.46	4507.00	14.50	1022.31	62.40	134.10	430.70	299.70	32.90	2200.00
M1:9	鼎	183.25	2677.00	11.42	667.00	84.90	93.80	80.40	103.40	2.90	1409.00
M1:10	浴缶	514.83	3002.00	24.25	728.15	10.90	33.70	147.60	140.30	2.40	1981.00
M2:3	敦	380.45	3400.00	3.00	987.69	47.10	102.80	95.00	203.40	10.40	632.20
M2:7	鼎	347.29	5968.00	10.00	976.15	53.50	100.50	29.90	223.00	18.10	1480.00
M2:10	鼎	286.21	3199.00	10.00	905.38	61.90	90.50	70.10	284.00	3.10	1511.00
M38:45	簠	280.40	1639.00	41.83	1260.77	16.70	63.20	440.30	291.80	11.00	562.30
M38:50	尊缶	262.94	874.60	19.75	1451.54	16.20	62.80	450.90	178.80	5.40	661.80
M38:51	尊缶	33.74	16.80	63.75	474.62	9.50	30.20	109.60	99.00	4.60	797.30
M38:56	浴缶	161.14	1241.00	59.42	1150.00	26.00	43.50	50.50	89.20	n.a	1072.00
M38:58	鼎	726.59	1931.00	93.33	1584.62	66.10	198.60	715.40	362.90	7.80	869.40

表二　各古矿冶遗址出土冶炼产品的示踪微量元素含量（μg/g）

样品名称	Ag	As	Au	Bi	Sb	Se	Te	Co	Ni	Mo	Zn	数据来源
安徽南陵铜锭	92.8	1400	n.a	71.9	77	83.4	<1.0	286	612	19.0	480	文献[15]
安徽南陵铜块	80.9	1700	104	31.8	467	117	190	200	208	2.3	680	
安徽铜陵铜锭	56.5	1400	n.a	77.3	34.3	26.7	<1.0	357	206	3.9	1370	
安徽繁昌铜锭	74	217	28.7	97.6	7.7	24.5	78	32	103	0.96	277	文献[16]
湖北铜绿山铜颗粒	99.8	229	n.a	<0.5	19.1	10.3	17	101	60	15.9	330	
湖北大冶铜锭	929.5	218.9	n.a	726.6	271.7	68.25	95.64	285	112	n.a	708.5	文献[17]
宁夏照壁山铜颗粒	260	13933	9.8	707	18041	n.a	n.a	111	437	0.23	1923	文献[18]

素特征十分突出；同一成矿带的铜矿，其冶炼产品微量元素的特征虽较为相近，但还是有一定差异。因此，将彭氏家族墓地出土青铜器与湖北、皖南和宁夏照壁山等矿冶遗址冶炼产品的微量元素数据作为变量进行聚类分析，以期得到较为明确、可靠的矿料来源（图一）。

聚类结果表明，当阈值 λ 约等于 2.5 时，所有样品被明确地分为两类，宁夏照壁山铜颗粒单独聚为一类；其他冶炼产品与青铜器聚为一类，表明彭氏家族墓地出土青铜器的示踪微量元素特征与湖北、皖南矿区铜料比较相近。当阈值 λ 约为 1.5 时，12 个青铜器样品中有 5 个与湖北、皖南冶炼产品聚为一类，其余 7 个样品分布较远，但较之北方的宁夏照壁山铜颗粒，则更为接近湖北和皖南冶炼产品。

三　结　论

有学者研究发现：长江中下游铜矿带是商周时期最主要的铜料供应地[19]，在春秋中期楚成王东下淮夷之后，楚国就已经控制了长江中下游铜矿带[20]。从楚的势力向东扩张，将长江中下游铜矿带攫取于手中之后，长江中下游铜矿带的开采业就与楚国的兴衰紧密相连。经过努力经营，楚国将长江中下游铜矿带的开采业发展到前所未有的鼎盛时期，使得中国古代青铜文化继商代之后发展到了第二个高峰[21]。正因为有如此雄厚的物质基础作后盾，楚庄王才能够成为“春秋五霸”，并在问鼎中原时宣称“楚国折钩之喙，足以为九鼎”(《史记 · 楚世家》)。但是楚庄王之后，楚国就由顶峰逐渐走下坡路了，对长江中下游铜矿带的开采，就慢慢开始废弃了[22]。

据此，考虑到长江中下游铜矿带的开采年代及规模，结合聚类结果，可初步分析：M38 出土的青铜器，铸造时所用的矿料来源于由楚国控制的长江中下游铜矿带，但是从聚类图中可以看出，这些铜器的矿料应该来自不止一座矿山。而 M1、M2 已经处在楚国的衰落期，此时楚国可能已经失去了长江中下游铜矿带的部分控制权。虽然在聚类时，其出土的青铜器没与长江中下游铜矿带的冶炼产品聚为一类，且聚类北方照壁山样品很远，故不能排除 M1、M2 的青铜器在铸造时采用了来自于长江中下游铜矿带的、有别于 M38 的矿料。囿于现有古矿冶遗址出土冶炼样品较少，目前仅能推断彭氏家族墓地出土青铜器的矿料应来自于长江中下游铜矿带。

本文得到了南阳市文物考古研究所柴中庆、乔保同等前辈的支持，还得到了中国科学院大学王昌燧教授和罗武干的鼓励及帮助，在此一并致谢。

注释

[1] 乔保同、柴中庆、郝玉建、王凤剑：《南阳发现楚国贵族墓》，《文物天地》2009 年第 3 期。

[2] 王儒林、崔庆明：《南阳市西关出土一批春秋青铜器》，《中原文物》1982 年第 1 期。

[3] [7] 董全生、李长周：《南阳市物资城一号墓及其相关问题》，《中原文物》2004 年第 2 期。

[4] 彭子寿墓 2000 年发掘，墓葬资料现存南阳市文物考古研究所。

[5] [9] 柴中庆、乔保同、王凤剑：《南阳市新发现春秋楚国贵族墓》，《中国文物报》2009 年 5 月 15 日第 4 版。

[6] 李学勤：《论仲再父簋与申国》，《中原文物》1984 年第 4 期。

[8] 刘长海、徐明光：《南阳“接官厅”与“故申伯之都”》，《南都学坛（社会科学版）》1992 年第 2 期。

[10] 河南省文物研究所、河南省丹江库区考古发掘队、淅川县博物馆：《淅川下寺春秋楚墓》，文物出版社，1991 年，第 309—319 页。

[11] 南阳市文物考古研究所：《河南南阳春秋楚彭射墓发掘简报》，《文物》2011 年第 3 期。

[12] 张丹：《南襄盆地出土两周时期铭文研究》，武汉大学博士学位论文，2012 年。

[13] 魏国锋、秦颖、王昌燧等：《若干地区出土部分商周青铜器的矿料来源研究》，《地质学报》2011 年第 3 期。魏国锋：《古代青铜器矿料来源与产地研究的新进展》，中国科学技术大学博士学位论文，2007 年，第 32 页。李清临、朱君孝、秦颖等：《微量元素示踪古代青铜器铜矿料来源的可行性》，《文物保护与考古科学》2004 年第 3 期。

[14] [19] 华觉明、卢本珊：《长江中下游铜矿带的早期开发和中国青铜文明》，《自然科学史研究》1996 年第 1 期。

[15] 秦颖、王昌燧、张国茂等：《皖南古铜矿冶炼产物的输出路线》，《文物》2002 年第 5 期。

[16] 秦颖、魏国锋、罗武干等：《长江中下游古铜矿及冶炼产物输出方向判别标志初步研究》，《江汉考古》2006 年第 1 期。

[17] 罗武干：《古麇地出土青铜器初步研究》，中国科学技术大学博士学位论文，2008 年，第 40 页。

[18] 魏国锋、秦颖、杨立新等：《若干古铜矿及其冶炼产物输出方向判别标志的初步研究》，《考古》2009 年第 1 期。

[20] 后德俊：《试论楚国青铜器与江南古铜矿的关系》，《江汉考古》1995 年第 3 期。孙继：《楚国控制鄂东铜矿时间考》，《温州大学学报 · 社会科学版（2012）》第 25 卷第 2 期。

[21] 万全文：《商周王朝南进掠铜论》，《江汉考古》1992 年第 3 期。

[22] 李天元：《楚的东进与鄂东古铜矿的开发》，《江汉考古》1988 年第 2 期。

《嘉禾十二景图》考

陈　宽（嘉兴博物馆　314050）

【摘要】嘉兴博物馆藏有清代女画家沈彀的《嘉禾十二景图》。本文对图中所绘的十二景作了今昔对照，发现 5 处留存，4 处更名，2 处消失，1 处未知。

【关键词】《嘉禾十二景图》　清代

沈彀[1]到底是怎样的一个人物？据清代汤漱玉[2]《玉台画史》载："近时女士工画者，嘉兴沈采石（彀）山水，吴顾芳（蕙）花卉，南海黄畊畹（之淑）兰竹，并出冠时，何闺阁之多才也！"可见沈彀是位女画家，且擅山水，但关于她的文献记载甚少。

女性绘画始创于嫘[3]，另论为画祖[4]，唐以前女性画家甚少，给予史载当属凤毛麟角。对女性画家记载较多、划分较细的莫过于汤漱玉的《玉台画史》，女画家被分为宫掖、名媛、姬侍、名妓等四类，共载宋以前 15 人，宋 34 人，元 9 人，明 97 人。据学者统计，明以前女性画家约 67 人，明代则有 125 人之多，且多为嘉靖后。清代女画家开始崭露头角，绘画题材日趋丰富，一批女画家应运而生，除沈彀之外，嘉兴尚有朱筠、陈书、黄媛介、李因等[5]诸多女画家。为此，嘉兴博物馆曾举办过《独立亭亭秀骨清——馆藏女性画语作品展》，首次对嘉兴籍女性画家进行初步梳理与解读，立足女性独特视角，感知别具一格的绘画魅力。

一

嘉兴博物馆藏有沈彀绘制的一本《嘉禾十二景图》，纵 27.5 厘米，横 20 厘米。此幅册页绘于 1817 年，即清嘉庆二十二年，沈彀时年 26 岁，为其早期作品之一。全册共十二开，开一、三、五、七、九、十一为设色，敷色清雅；开二、四、六、八、十、十二为墨色。即奇数册页皆为设色，偶数册页为墨色，颇有规律。沈如此作，原因尚不得而知，推测可能是为了区分人文景观和自然景观，以符合视觉上的协调。从画面可看出，设色画页是在墨色画页的基础上增染赭石、朱砂、石青、石绿等几种颜色而成，技法无大区别，整体画面亦有异曲同工之妙。印刻甚丰，有正方、长方、圆、连环形等形制，阴刻和阳刻等技法（表一）。

开一：设色梅花庵图（图一）。整幅为 Z 形构图，采用近实远虚技法。面画平远幽深，林木虬曲，庵舍通幽，竹翠摇曳，假山玲珑。近处一高士迎桥入庵，一孩童紧随其后。远处楼阁忽隐忽现，雾茫茫一片，尽显朦胧之美。画面右上角题："元吴仲圭自题石曰'梅花和尚之塔'，县丞倪玑作亭覆之。后，吴令道昌修其墓，作僧舍于傍，以司香火。董其昌题其榜曰'梅花庵'。道人高节，兴逸情幽，修竹六福，贞碣长雷，清风谡谡，俯仰悠游，香光史笔，馥郁遗邱。椒园。"

开二：墨色烟雨楼图（图二）。采用圆锥中心法构图，画面中央一小岛，岛上楼阁屹立，树木葱郁，岛被四围美景环绕，湖面轻烟拂晓。画面下端屋宇

图一

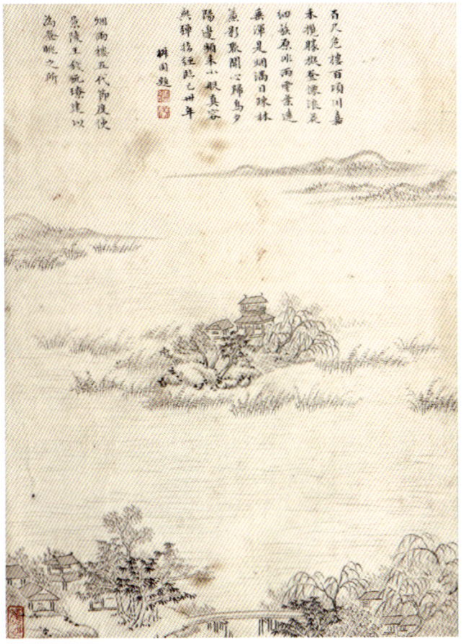

图二

图三

图四

图五

图六

亭桥，掩映其间，林木茂盛，垂柳依依，一派江南美景。这幅画的构图，体现了作者的意匠经营。在水的表现上，通过错落的横坡，将湖水婉转地由近推远，避免了大面积水域的死板，又增加了层次感。题曰：“百尺危楼百顷川，嘉禾揽胜拟登仙。浪花细簇原非雨，云叶远垂浑是烟。满目疏林帘影聚，开心归鸟夕阳边。频来小艇真容兴，弹指径临已卅年。椒园题。烟雨楼，五代节度使景陵王钱元璙建，以为登眺之所。”

开三：设色北山草堂图（图三）。采用C形构图，假山玲珑，松木林立，柳树依岸，亭舍密布，或隐约，或逶迤。远舍内书生伏案读易，一派祥和书香气息。题曰：“远忆浮家七百春，草堂谁主又谁宾。九松无恙频摹抚，池石犹留手泽新。椒园。北山草堂，沈氏故宅，相传南渡时，携家凿池叠石，手植九松，项玉笋记云。”

开四：墨色百花庄图（图四）。采用平移法构图，烟雨楼阁，林木虬曲，明月当空，淡宕空灵。题曰：“平泉绿野都荒莱，此地空传百花之楼台。三春未见花铺锦，只有沄沄逝波去复来。椒园。许恂如诗注，城北二十里，丞相不花庄讹百花云。”

开五：设色煮茶亭图（图五）。采用S形构图，庙宇围城，飞檐流角，古木傲然，运河蜿蜒，拱桥跨两岸，三两扁舟，或前行，或升帆，或靠岸。近处运河人家，游人停驻喝茶，远处雾霭茫茫，一派江南美景。题："坡仙三过处，遗迹一草亭。淡交本如水，臭味景前型。呕哑柔橹声，过客每暂停。椒园。煮茶亭，在景德寺之东禅堂。宋苏轼三过嘉禾，汲水煮茶，后人建亭识之。"钤"冯"、"馨"，落款章"采石书画"。

开六：墨色裴公岛图（图六）。采用单点构图，林木茂郁，楼阁隐现，寺塔矗立，板桥径直，一渔夫戴笠驾舟。画面清雅秀逸，意境深远，颇具江南韵味。题："裴相经营日，宣公构造初。向时名鹤渚，岛上最萧疏。椒园。裴公岛，宣公旧宅放鹤之所，又名鹤渚，后为裴休别业，曰裴岛。"

开七：设色瓣香庵图（图七）。采用C形构图，屋舍渐隐渐现，柳树依岸，近处湖水浩渺，远处迂回。四围竹篱，院内家畜。湖边鸭子嬉戏，渔舟往来，一派田园生活景象。题："南湖之水清且涟，鹤江遁迹结林泉。嘉宾投契使君贤，平生瓣香志益坚。湖滨高阁枕书眠，伊人秋水如逋仙。椒园。瓣香庵，宜山居士盛鹤江结隐处，水木清幽，居然岩壑，初客芝阳郡黄家幕，黄迁嘉禾后，避迹不通刺，时人比之孤山处士。"

图七

图八

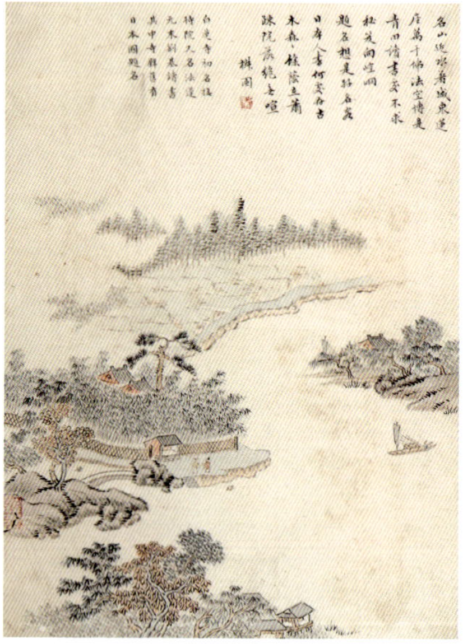

图九

图十

图十一

图十二

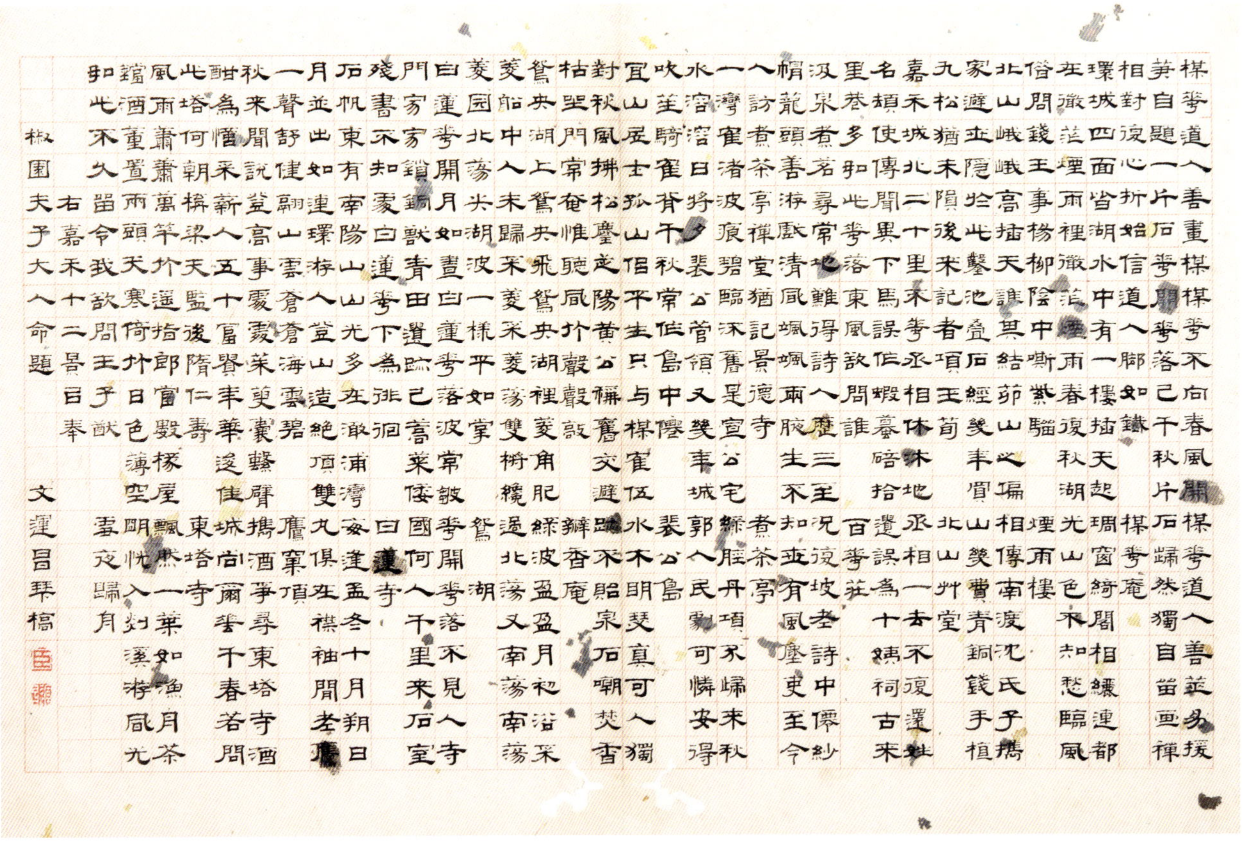

图十三

开八：墨色鸳湖采菱图（图八）。采用平远法构图，菱亩渔村，岸柳依依，菱叶点点，远处榭内一高士赏景，菱场绵延而深。面画素雅朦胧，充满江南水乡韵味。题："渔家谋生计，熟时比养禾。但看馄饨样，南荡信不讹。采采纤手濯，秋晓映澄波。鸳鸯两湖水，欸乃同声歌。椒园。鸳湖采菱，近南曰南荡菱角圆，近北曰北荡菱角尖，种同产异，水性使然。"

开九：设色白莲寺图（图九）。采用C形构图，林木葱郁，修竹似海，殿宇高耸，塘堤蜿蜒，远处松林，近处水榭，一艘帆船正从右方驶来，二逸士相对。题："名山近水着城东，莲座万千佛法空。传是青田读书处，不求秘笈向崆峒。题名想是好名客，日本人书何处存。古木森森余阴在，萧疏院落绝无喧。椒园。白莲寺，初名接待院，又名法莲，元末刘基读书其中，寺壁旧有日本国题名。"

开十：墨色鹰窠顶图（图十）。采用斜角式构图，山崖左下而出，占画面四分之一。崖边远眺，楼阁亭榭，林木萧疏。崖间山路盘附，海浪顺势而下，汹涌澎湃，凸显了鹰窠顶山势之险峻。题："水穷山尽，陟鹰窠顶，鼓荡海波，乌兔并进，忽现楼台，嘘气结蜃，踽踽伪隅，奋思千仞。椒园。鹰窠顶俗名南阳山，又名云岫山，十月朔观日月并出。"[6]

开十一：设色东塔寺图（图十一；封三）。采用C形构图，围墙内，修竹茂林，寺塔高耸，直冲云霄，两侧寺庙似门将；围墙外，林木多姿，塘堤逶迤，曲桥跨岸。近处湖石采用石青绿重染，颇具厚重感。题："买臣晚达后，门前车马盈。历久舍为寺，仅留三尺茔。仁寿复置塔，九日竟登临。相传前明代，金光灿流星。佛不可思议，晨钟震耳声。歙州老相国，标题第一名。椒园。东塔寺，汉朱买臣宅，有墓存焉。梁天监中建寺，隋仁寿年置塔。"

开十二：墨色雪夜归舟图（图十二）。采用三角形构图，山石俊俏，松虬竹翠，白雪皑皑，尽显寂静萧然之意。技法上采用留白，背景和水面都晕染淡灰色以衬托山石树木上的积雪。寒冷雪夜，山岗枯枝，翠竹不敌风雪，唯松树傲然林立。题："归兴阑珊二十年，方洲卜筑倦安便。室生虚白无埃垢，绝胜米家书画船。一笑山图景物幽，斜阳策杖任勾留。眼前乐事知多少，三白由来气味投。即景何妨托剡溪，归舟兴不减来时。笔花寓意舍生态，展卷聊为纪小诗。椒园题。张黄门宁自记，一笑。山北有舍，环竹为覆篷，仰饰粉素，通明、虚白，恍若一舟，又曰：‘譬诸剡溪夜汛，苟未及门，而遽回则归，兴当复不减。’名之曰‘雪夜归舟’。丁丑长夏，偶写嘉禾十二景，于雉皋官廨[7]之药栏春晚，琼宫花史采石沈彀。”

后有文运昌为“椒园夫子大人”（即冯馨）所作应十二景的诗（图十三）。

二

除了沈彀的《嘉禾十二景图》外，嘉兴史上还有元代吴镇的《嘉禾八景图》：空翠风烟、龙潭暮云、

表一 《嘉禾十二景图》刻印表

序 号	刻 印	释 文	刻制手法	形 制	出 处
1		琼宫花史	阴刻（白文）	正方形	图十一
2		采石书画	左阴刻（白文） 右阳刻（朱文）	长方形	图五
3		绿窗绣余书画	阳刻（朱文）	长方形	图七
4		红豆	阳刻（朱文）	长方形	图一
5		蕉月	阳刻（朱文）	长方形	图二
6		贞率	阳刻（朱文）	长方形	图十二
7		冯	阴刻（白文）	正方形	图二、图五、图八、图十一、图十二
8		馨	阴刻（白文）	正方形	图一、图二、图三、图四、图五、图六、图七、图八、图九、图十、图十一、图十二
9		咫看千里	阴刻（白文）	正方形	图三

续表

10		摘花人	阳刻（朱文）	连环形	图四
11		精华在笔墨	阴刻（白文）	正方形	图六
12		花史	阴刻（白文）	长方形	图八
13		韫玉	阴刻（白文）	长方形	图九
14		鸳湖女史	阳刻（朱文）	长方形	图十
15		绣窗闲笔	阴刻（白文）	正方形	图一
16		彀	阴刻（白文）	圆形	图十二
17		采石	阳刻（朱文）	正方形	图十二
18		韫玉	阴刻（白文）	长方形	图十二
19		臣	阳刻（朱文）	正方形	图十三
20		运昌	阴刻（白文）	正方形	图十三

表二　嘉禾十二景古今对照表

名称	古今对照图	
	嘉禾十二景画面	现今实景
设色梅花庵图（图一）		
墨色烟雨楼图（图二）		
设色北山草堂图（图三）		
墨色百花庄图（图四）		
设色煮茶亭图（图五）		
墨色裴公岛图（图六）		

鸳湖春晓、春波烟雨、月波秋霁、三闸奔湍、胥山松涛、武水幽澜。清代秦树敏的《南湖八景图》：南湖烟雨、瓶山积雪、东塔朝暾、茶禅夕照、禾墩秋稼、汉唐春桑、杉闸风帆、韭溪明月。吴、秦二人的作品皆由8幅图组成，而沈榖比二人多了4幅。据析，三位画家描绘之地都有相同之处：一是《嘉禾十二景图》中的“墨色烟雨楼”、《嘉禾八景图》的“春波烟雨”以及《南湖八景图》的“南湖烟雨”描绘的景色皆为同一处；二是《嘉禾十二景图》的“墨色鸳湖采菱”与《嘉禾八景图》的“鸳湖春晓”为同一处景；三是《嘉禾十二景图》的“设色煮茶亭”、“设色东塔寺”与《南湖八景图》的“茶禅夕照”、“东塔朝暾”各为对应。

沈榖所绘之景，距今约200年，大部分景物现仍留存（表二）。参照古今对比图，时过境迁，有些已改了名，有些则荡然无存。其中开一、二、八、十等描绘之景可甄别，昔景与今景的名称及地理位置基本吻合；开十一之东塔寺今已消失。而开三、四、五、六、七、九、十二等场景则需进一步查考。

开三：据光绪《嘉兴府志》载，明项玉笋《北山草堂记》云：“去郡（嘉兴）二十余里曰北山草堂，初沈氏于此掘池叠石，手植九松，今高百尺，合数围。”《魏塘纪胜》称：园初建于宋，明正德时沈棐“更为增筑，多

续表

设色瓣香庵图（图七）		
墨色鸳湖采菱图（图八）		
设色白莲寺图（图九）		现已消失
墨色鹰窠顶图（图十）		
设色东塔寺图（图十一）		 现已消失（此照片为20世纪40年代拍摄）
墨色雪夜归舟图（图十二）		暂无考证

畜鹤，拓地为东西舍，叠石为山，依山结屋，题曰北山草堂”。清初周篔有记：“嘉兴郡治东二十里有麟湖，湖北有沈氏居，自南宋迄今曰北山草堂，堂后有池，池之北为园，园有石山，上有古松九，遂以九松名其地。”《魏塘诗陈》载：“北山草堂山顶有舞袖峰，耸立若美人，侧出可四五尺，郎当如舞袖。”加上开三题款“北山草堂，沈氏故宅”等论证，可推断出沈穀描绘的北山草堂为如今嘉善的沈氏园。

开四：据题款“城北二十里，丞相不花庄讹百花云”，嘉兴城北20里刚好有一个百花庄村。据清初的《浙江通志》载，元朝建立后，元丞相不花在这个地方建立了一个较大的庄园，该庄原名“不花庄”，因“不”与“百”近音，后人习惯称为百花庄，百花庄村由此而得名[8]。清朱彝尊在《鸳鸯湖棹歌》中诗云：“百花庄口水云云，中是吾家太傅坟。当日黄鹂鸣灌木，经冬红叶映斜曛。”经分析，开四场景与现今嘉兴城北油车港镇百花庄村相吻合。

开五：史载嘉兴的煮茶亭有2处，其一为本觉寺三过堂的东坡煮茶亭，“本觉寺旧有煮茶亭，为东坡三过文长老茶话处”（《濮川志略》）。其二为三塔茶禅寺的东坡煮茶亭，“在县西景德寺之东禅堂，宋苏学士轼三过嘉禾汲水煮茶处，后人建亭识之，遗址尚存”（嘉庆《嘉兴府志》）。根据开五题款“在景德寺之东禅堂，宋苏轼三过嘉禾，汲水煮茶”，当年苏轼路过嘉兴到过三塔景德寺。清代乾隆六下江南，每次经过嘉兴都要到三塔景德寺巡游。乾隆精通饮茶之道，对寺院中的东坡煮茶亭欢喜无限，乾隆二十七年（1762），在他第三次南巡时，索性将三塔景德寺改名为茶禅寺。由此可确定开五描绘的是三塔茶禅寺的东坡煮茶亭。

开六：据“金衣楚雀白章鸟，不住裴公岛上啼。白马未嘶云屋外，红船先渡板桥西”。“裴公岛”即今天的放鹤洲，而“裴公”是指唐朝名相裴休[9]。

开七：据款题“南湖之水清且涟”，可知瓣香庵位于依湖傍水之地，具体情形不得而知，或为今之勺园。

开九：据“名山近水着城东”句，可知白莲寺在嘉兴城东一带。无资料可考，以消失论。

开十二：所绘何处之景，未知。

以上，《嘉禾十二景》描绘的十二处景，其中5处留存，4处更名，2处消失，1处未知。《嘉禾十二景》的绘制范围，除嘉兴市外，还涉及海盐、嘉善等下辖县。

注释

[1] 沈榖（1791—1850），字采石，号琼宫仙史、采石女史，清代女画家，浙江嘉兴人。沈涛之姐，侯官（今福州）曾颐吉妻，父江春明经，为禾中宿学，母许英，雅擅山水、人物。其善诗、工画，尤善墨梅。曾为其弟西雍太守作《郡斋坐月图》第二图。其第一图为魏塘金文沙（女）所作，时称二妙。著有《画理斋诗稿》、《白云洞天词》等。

[2] 汤漱玉（生卒不详），字德媛，清代女史学家，浙江钱塘人（今杭州）。出身名门，幼耽翰墨。浙江杭州藏书家振绮堂主人汪小米夫人。是编仿厉鹗《玉台书史》之例，辑历代能画之妇女为一编，体例略有变更。分宫掖、名媛、姬侍、名妓四门。凡宫掖二十八人、名媛一百二十五人，姬侍十六人，名妓四十人。后附《别录》十五，则不入诸门。清人程庭鹭曰：“吾友钱塘汪小米中翰其配汤漱玉，曾辑《玉台画史》，历朝闺彦之善画者，咸详备焉。”有《说库》本（无《别录》）、《述古丛抄》本、《藏修堂丛书》本、《翠琅玕馆丛书》本。

[3] 许慎《说文解字》云：“画嫘，舜妹。画始于嫘，故曰画嫘。”

[4] 沈颢在《画尘》中言：“世但知封膜作画，不知自舜妹始。客曰：‘惜此神技，创自妇人。’予曰：‘嫘尝脱舜于瞍象之害，则造化在手，堪作画祖。’”

[5] 朱筠（生卒不详），字梅侣，钱孝廉青选室。工楷书，得大令十三行笔法，兼擅墨菊。陈书（1660—1736），字南楼，号上元弟子，晚号南楼老人，秀水（今浙江嘉兴）人，善花鸟、草虫，笔力老健，风神简古。黄媛介（生卒不详），字皆令，明末清初浙江嘉兴人，好吟咏，工书画，以诗文出名。李因（1610—1685），明末清初女诗人兼画家，字是庵，号龛山逸史，晚号今生，会稽（今绍兴）人，工画山水、花鸟，疏爽隽逸。

[6] 清光绪《海盐县志》载：“海盐西南诸山，从海宁尖山自西过东迤逦而来，层峦叠嶂，高耸云表者，昔名南阳，今称高阳，实为诸山之祖。”高阳山由鹰窠顶、南北木山和谭仙岭诸峰组成。山之南为黄沙坞，坞内得山水之灵气，气候冬暖夏凉，山坡地间广植柑橘，清音满谷。鹰窠顶海拔184.6米，相传山上多鹰窠而得名，山间有云岫古庵。

[7] 官署，官吏办公的房舍。宋欧阳修《晚秋凝翠亭》诗：“黄叶落空城，青山绕官廨。”明高启《幻住精舍寻梅》诗：“偶逢一树在官廨，为写新诗冰满砚。”

[8] 参见 http://baihuazhuang.jxjnw.com。

[9] 裴休（791—864），字公美。唐孟州济源（今河南省济源县）人。裴休出生于官宦家庭，于唐穆宗长庆年间中进士，此后在仕途上一帆风顺，历官监察御史、右补阙、中书舍人、礼部侍郎知贡举、户部侍郎、兵部侍郎、礼部尚书同中书门下平章事等职。裴休为官期间，颇有政绩，《旧唐书》中称他：“性宽惠，为官不尚曒察，而吏民畏服。”

萧山博物馆藏的潘振镛仕女画

蔡敏芳（萧山博物馆　311201）

【摘要】潘振镛是清末民初的一位海派画家，史之记录不多。萧山博物馆藏有潘振镛书画作品7件，其中仕女画5件，本文就其最擅长的仕女画作一介绍。

【关键词】仕女画　潘振镛　清末民初

潘振镛是清末民初的一位海派画家，史之记录不多，但是在晚清至民初的画史尤其是人物画上，他却是不能忽略、不得不提的一位。萧山博物馆藏有潘振镛书画作品7件，其中仕女画5件，现就潘氏最擅长的仕女画作一介绍。

（一）《秋月弄笛图轴》（图一）

绢本，设色。图中绘一仕女坐于船头，面相秀丽，兰指微翘，低眉吹笛。月光浸于寒江之中，两岸芦苇丛生，江阔微有波纹，意境清冷雅致。笔法细腻，人物神态毕现，发丝细笔密勾，衣褶线条细劲，设色淡雅，清丽脱俗。款识："秋光好，明月满江皋。冷露沾衣疑作雨，淡烟笼水暗生潮，芦荻共萧萧。调寄望江南。雅声。"钤白文印"振镛"，朱文印"笙"。纵85.5厘米、横31.1厘米。

（二）《惜春葬花图轴》（图二）

绢本，设色。画面绘梧桐树下一位仕女一手捧心状，一手执帚，望着一地落花，惆怅无奈的伤春之情溢于眉宇之间。人物衣纹流转婉约，富有动感。设色清新妍丽，脸部精勾细描，神情如生。整个画面疏密有致，布局得宜。款识："落花满地奈春何，露径香痕印袜罗。正似闲愁扫难尽，晓来还较昨宵多。雅声写。"钤白文印"振镛"、"潘振镛印"，朱文印"笙"。纵85厘米、横31厘米。

（三）《春夜咏读图轴》（图三）

绢本，设色。画中柳树繁茂，柳叶描绘工细，在柳树与假山间露出书房一角，窗幔卷起，少女坐于案前阅读，左手随意搁于椅背，身子微斜，右手肘撑于案上，玉指纤细秀长，略呈慵懒之态。人物神态娴静，眉宇间似若有所思。布景简净空灵，意境清幽。款识："一庭春雨锁重门，燕燕难寻旧梦痕。花压东阑寒食近，剪灯无语又黄昏。冰壶琴主潘振镛。"钤白文印"振镛"、"潘雅声书画印"，朱文印"雅声"。纵85.5厘米、横31.1厘米。

（四）《仕女扇面》（图四）

纸本，设色。画面表现的是庭院一角，两仕女相对立于树下，正面仕女倚石旁，左手理云鬓，与对面仕女喁喁细语。面部发饰刻画细致，线条流动，笔致秀丽，风格清新俊逸。款识："光绪戊寅年春二月仿听雨词人笔意于泉庚戴氏怡养庐。雅声。"清光绪四年（1878）作。钤朱文印"亚笙"。纵16.7厘米、横51.5厘米。

（五）《仕女扇面》（图五）

纸本，设色。画面绘一仕女手执纨扇倚立在杨柳岸边，残月微明，晓风清拂，杨柳似随风轻摆。仕女面容清秀，望着湖水神色黯然。用笔简淡古朴，设色清淡雅洁，人物的心理活动表现细腻。款识："杨柳岸晓风残月。戊申春二月写，伯佩仁兄大人正之，潘振镛。”清光绪三十四年（1908）作。钤朱文印“亚笙”。纵16.3厘米、横49.7厘米。

潘振镛，字承伯，号雅声，自称冰壶琴主，晚署讷钝老人，又署钝叟，秀水（今浙江嘉兴）人。生于清咸丰二年（1852），卒于民国10年（1921）。出身丹青世家，祖、父辈皆能画。潘振镛幼承家学，六七岁时就能画人物，“幼年家贫，以竹竿代笔，在墙上画关公及仕女”[1]。后因家贫去当学徒，被钱塘戴以恒发现，爱其才学，收为入室弟子。拜师后，潘振镛“画艺日进，尝往来于上海、杭州、南浔、桐乡、平湖，求画请业者甚众”[2]。但他从不计较润资多少，一律认真对待。后来戴以恒见他更喜画人物仕女，“遂命其另觅良师。潘氏辞戴以恒而归，遂私淑费丹旭，得其神似”[3]。潘振镛是一位勤勉的画家，花鸟、山水兼涉，但最精的还是仕女画。金蓉镜在潘振镛去世后为其所撰的碑记中云：“近视戴重镜。审墨施粉，工类造化，不妄下一拂。字学瓯香馆，杂画小品辄近之；仕女尤精诣，不异费丹旭云。”潘氏仕女师法费丹旭，所画仕女“风姿绰约，修洁雅淡”[4]。花卉、书法则师恽寿平，与沙山春、吴友如并为三绝。宣统元年（1909），潘振镛曾与高邕、钱慧安等在上海发起组织“豫园书画善会”，卖画所得，半充社会公益，夏令施药、冬季施米，或赈济水旱灾民，岁以为常。其子潘琪、侄子潘琳、孙女潘文淑、侄孙潘德熙等均继承了家学，弟子沈燧、仲光勋、朱忆椿等能传其画艺，在清末民

图一

图二

图三

图四

图五

初画坛上皆有一定成就。

潘振镛最擅仕女，传世作品也以仕女画为多。中国的仕女画在明清时期盛行，尤其到清代中后期，仕女画发展到了一个新的高潮。不同时代的仕女画体现了不同时代的审美情趣，从唐代的“丰肥腴丽”，到宋元的“端严秀丽”，再到明清的“弱柳扶风”、“风露清愁”，历代画家皆用手下的画笔勾勒着理想中的“美”的形象。看潘振镛作品中的仕女形象，鹅蛋脸、纤眉细目、樱桃小口、削肩柳腰、体态纤细、身形柔弱，眉宇间透着一股淡淡的忧伤，既契合当时的审美风尚，又注重刻画人物心理。潘氏画中的仕女，无丝毫媚俗之气，有的是一种清新秀雅之美。正如清代郑绩《梦幻居画学简明卷二·论肖品》中所说：“写美人不贵工致娇艳，贵在于淡雅清秀，望之有幽娴贞静之态。”[5] 元代汤垕《画鉴》云：“仕女之工，在于得其闺阁之态。唐周昉、张萱，五代杜霄、周文矩，下及苏汉臣辈，皆得其妙，不在施朱傅粉、镂金佩玉，以饰为工。”[6] 再看潘氏的仕女画，将仕女置于江船之上、庭院、树下、溪边，或江上弄笛，或灯下读诗，颇得其妙。

仕女画的表现形式有多种，工笔、写意、兼工带写等。潘振镛仕女画是以工笔写仕女，以小写意画衬景。画中仕女皆以工笔表现，细描工写，发丝几乎根根可数，线条流畅飘逸。衬以空阔的江面、芦苇、梧桐、杨柳、山石、庭院等作为背景，借助独特的景物环境来营造气氛，更好地烘托了人物的精神世界，是表达情境的重要补充。在布局经营、画面裁剪上独具匠心，《海派画家词典》上称潘振镛“布景构图允称独步”。设色以淡色薄染为主，清丽、淡雅，更能衬托出空灵寥落、淡淡忧郁的情境。秦祖永在《桐阴论画》中评费丹旭的仕女画时说：“一树一石，虽未能深入骨法，而一种潇洒之致，颇极自然，否则此等画苟无书卷之气，未有不失之俗赖也。”[7] 其所说的书卷之气也是潘氏所追求的，简淡的用笔、淡雅的设色、清雅的景致，为画作平添了一份诗意。还有从画中所题的诗词亦可见一斑。“画之不足，题以发之”，这些诗词进一步阐发了画面情境，深化了作品的情感内涵，并使画面具有了诗意化的效果。配上恽氏风格的书法，使作品更增添了文人气息。

潘振镛在那个激荡变动的时代，始终固守传统文化，潜心丹青，秉持一丝不苟的创作风格，为我们留下了雅俗共赏的精雅笔墨，终成晚清一代海上名家。

注释

[1][2][3][4]《海派画家辞典》，上海书画出版社，2004年，第195页。

[5][6] 王宗英：《中国仕女画艺术史》，东南大学出版社，2009年，第201页。

[7] 同[5]，第71页。

曹氏家史图卷介绍

吴建新（兰溪市博物馆　321100）

【摘要】兰溪市博物馆珍藏着一卷著名作家曹聚仁亲笔题跋的《先德画乘》画轴，这套家史图卷对于研究曹聚仁的家史及生平、思想，具有一定的价值。

【关键词】先德画乘　曹氏

兰溪市博物馆珍藏着一卷著名作家曹聚仁亲笔题跋的《先德画乘》画轴（图一），是由其父曹梦岐于清光绪三十三年（1907）嘱浦江著名画师朱杏生（1867—1938）绘制的。1936年此卷曾由曹聚仁携往上海，但由于次年遭遇了"八·一三"淞沪战役，他随部队西撤时没有来得及带出，以为肯定被战火焚毁了，不想八年抗战胜利后，居然在自己寓所的书房夹层内，重新找到了这幅画轴，以致惊呼"若有神护者"。可见曹聚仁对它是充满感情的，他在《蒋畈六十年》[1]、《我与我的世界》[2]等书中提到："我们家中，有一卷先父叫画匠绘述的连环故事画轴（即《先德画乘》），绘的是太平军战役中，曾祖母钟氏、祖父永道公，从贫农艰苦挣扎爬上小农阶层的历程，最后两幅，便是先父考取了秀才，亲朋热闹祝贺的场面。"

这卷画轴系宣纸绘制，纵47.5厘米、横285厘米，由14幅图画及1幅题跋以连环画形式组接而成，每幅横约25厘米，所绘人物均为清代装束，山石、房舍用工笔勾勒，略加皴擦，除第一、第二及第十三、第十四幅敷以淡彩外，其余均为水墨。现逐幅介绍如下。

第一幅，绘曹聚仁之曾祖母钟氏坐像。题曰："节孝曹斯察公德配钟氏孺人遗像。"（图二）

曹聚仁的曾祖父曹斯察在太平军退出浙东那一年病逝，曾祖母钟氏含辛茹苦养活了性格和身体都非常软弱的儿子曹永道，从此存下曹家一脉，这也是这卷《先德画乘》为什么会以她为起始的原因。尤为难得的是，曹聚仁的父亲曹梦岐也是在她的支持下，才获得了读书的机会，可见钟氏是个非常坚忍的女性。

第二幅，绘曹聚仁之祖父曹士廪及祖母唐氏坐像。题曰："登仕郎士廪曹公暨唐氏安人遗像。"（图三）

登仕郎，清代正九品官衔。曹士廪，即曹永道。曹士廪并没有做过官，只因庚子（1900）之变后积极筹办兵饷有功，才给了他"布政使咨请奖给职员衔"，所以登仕郎应是个"文散官"，属荣誉称号。至于他的妻子唐氏，据曹聚仁的解释，她和曹家是远亲，从小给人做童养媳，因整日被婆婆毒打才逃了出来，后来在钟氏的主持下，嫁给了曹永道，相夫教子，勤俭持家，在当时的蒋畈有极好的声誉。

第三幅，一家爽乐。题曰："咸丰时，曾祖在堂，昆弟四人，夫妇齐眉，命童诵读，教以义方。"（图四）

"曾祖"应为曹斯察的父亲，也是这卷《先德画

图一

图二

图三

图四

乘》中辈分最高的人。此时还没有发生战乱，一家人其乐融融。资料显示，曹氏自明代中叶从金华东乡洞井迁居到蒋畈，三百年之中没有一个识字的人。从这幅图可见曹氏一脉从骨子里是渴望读书的。

第四幅，被杀幸生。题曰：“发匪扰浦（浦江），祖母钟氏被创，死而复苏。祖母父子皆被掳，其子有咳疾，贼杀之刀将人颈，遇仁人力救得脱。”（图五）

曹聚仁曾在《我与我的世界》一书中写道：“太平军以前，村中有过五六家人家，男女也有二十多人，经过了太平军战役，全村只留下了曾祖母和祖父母三个人，可说是门衰祚薄了。”这幅图描写的就是太平军袭扰浙东时，钟氏母子受难的情景。不过据曹聚仁回忆，母子俩并不像这幅图中描绘的在一块受难，因为其时母子已经相失，彼此并不相知。

第五幅，食瓦炙菽。题曰：“祖父被掳，逸归，身遘痁痢，养身无具，以瓦炙青叶菽食之，不数日而终。”（图六）

太平军战役期间，曹聚仁的曾祖父曹斯察曾被抓去做苦役，在被放还的时候，不幸得痁痢而亡。

第六幅，接粥被虐。题曰：“辛酉（1861）乱后，官吏施粥，近地爪牙颇肆凶虐。祖母接粥，其碗惜不忍洗，妄视为重渎，即受鞭扑。”（图七）

晚清社会动荡，民不聊生，乡绅与地痞无异，县衙门施粥放赈，乡绅作为施粥的执行人，非但不体恤民情，反而强奸民意。钟氏因受官方接济时没有洗碗，被认为是对他们的亵渎和不敬，受到鞭打。曹聚仁在他的《蒋畈六十年》里曾有这样的表述：“不独我们姐妹，连从来没到家乡去的孩子们，也知道我们祖先（通过《先德画乘》），有这么一段艰苦的经历了。”

第七幅，拾秕充饥。题曰：“乱后无粒食，拾秕子以聊生。吾父身素弱，大便不出，几乎丧命，祖

母以针挽出之而得生。”（图八）

据曹聚仁的父亲曹梦岐描述，他的父亲曹永道少时历经那场战乱后，良田荒芜，不得不靠捡拾秕子在瓦上煮食，结果大便闭塞，昏死过去。钟氏一面痛哭淋漓，一面找了铁钉为他掏出积粪，居然第二次躲过了死神的召唤。这幅图不仅真实地反映了当时的状况，也再一次证明了钟氏含辛茹苦，拉扯孩子长大的艰辛历程。

第八幅，耐饥负米。题曰：“父弱不能营生，祖妣亲至墩头（今兰溪市梅江镇政府所在地）接收旧债，得米十余斤。回自蒋深坞，父母家在焉。亲嫂不能置餐，行至石埠头后溪桥（距墩头五公里），饥不能，颠啼移时，不得已而强负。”（图九）

据曹聚仁在《蒋畈六十年》中描述，曹聚仁的曾祖母钟氏有一回从墩头的亲戚家索回一袋米后，又饿又累，专门绕道娘家蒋深坞，想讨一碗饭吃，哥嫂竟然冷眼相对，甚至连水也不给她一杯，在返回的途中，想到世态炎凉，不禁呜咽流涕，强自负米而归。在战后的三五年间，母子一直都在这种饥饿的生命线上挣扎。

第九幅，母妻助耕。题曰：“当夏畦之时，父耘田中，祖母暨母在塍上助之。及遇岁旱，父车水，母以手援，祖母则负锄行水。”（图十）

曹聚仁曾在《蒋畈六十年》一文中写到：“同治四年（1865），偏巧是个旱年，东山边那一亩六分的稻田，恰好缺了水，眼见都会枯死了。田角上有一口小池塘，泉水还不错；她俩向人家借了水车，总算在塍上搭好了；可是，祖父实在年轻脚软，踏也踏不成；太婆（她是裹着小脚，无法下田的）就在边上扳着另一副车轮；母子合力，居然灌满了那稻田里的水，收获了这一年的稻谷。”此图从侧面描绘了一家人创业艰辛的历程。

第十幅，含饥纺织。题曰：“纺织至夜半，饥甚，吞唾不已。以杯菽充饥，而又纺织，恒至达旦。”（图十一）

曹聚仁在他的《一个小农和一个秀才》[3]一文中这样写道：“她俩每晚纺到四更天，才去睡觉；天刚亮又都起身了。她俩几乎整日整夜纺着纱，口干吃萝卜，肚饥吃山芋，这样一丝一缕，把生活方式扭了过来。”难怪曹聚仁要在《蒋畈六十年》中发出

图五

图六

图七

图八

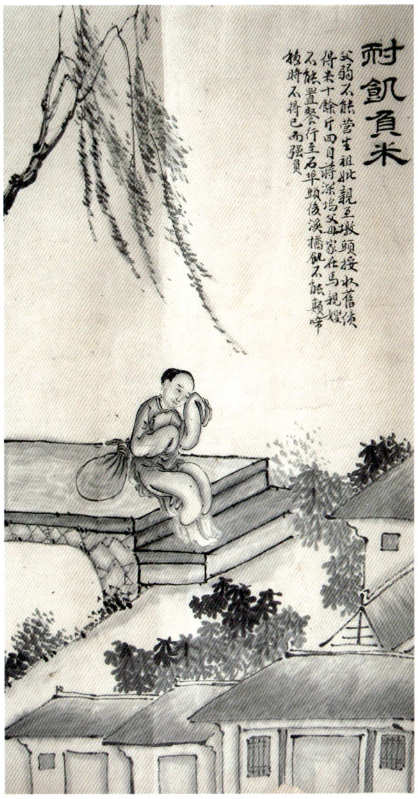

图九

图十

“曾祖母钟氏、祖母唐氏的口碑，我们听得多，已不及亲见”这样的感慨了。

第十一幅，薄食相让。题曰：“斤米日给三口，以菜燃汤饭食之。其厚者，父若母让于祖母，祖母则让于父若母，每每如此。”（图十二）

据曹聚仁回忆，战后十多年间，钟氏、曹永道和唐氏婆媳母子三人相依为命。一锅粥，她俩总是把稠厚的留给曹永道。为此，曹聚仁在《一个小农和一个秀才》一文中深有感触地写道：“先父总是提醒我们，你们太婆，豆豉送粥，三颗豆豉两碗粥呐！从先父的节俭，我们还看得到当年太婆穷苦的影子。”

第十二幅，含垢藏疾。题曰：“册书某，托言对册，苛索地户，吾家贫无以应，某欲籍阳址等收管之，祖母以钱十两，至屈膝求之。又吴某妄来索诈，吾父亦屈膝求之。其余被人凌辱者不可胜举，姑置勿叙。”（图十三）

据曹聚仁的父亲曹梦岐回忆：他的曾祖母钟氏和祖父曹永道经过多年创业，家境终于渐渐好转起来，到曹永道40来岁的时候，已成小康之家，然而也引起了一些人的眼红，不时被人敲诈勒索，曹聚仁的祖父母只得忍气吞声，花钱消灾。因为这种事件时有发生，所以曹聚仁在《蒋畈六十年》中曾感慨道：“眼见我们的先世，就是在被践踏的屈辱环境中站起来的。”

第十三幅，子染芹香。题曰：“辛丑（1901）岁试，张太史拔取庠生，众亲友，翰林待诏陈周学，廪生钱万选、吴嘉祉，生员楼开瑚、曹汝舟、倪宪贤、倪安沛、倪安闰、施典常皆来作贺。亲翁汪资深、陈尹罴皆贻诗赠之：‘生平苦学十余年，步入黉宫非偶然。墅外霜浓声未辍，轩前雪白亦迟眠。鳣堂数罢蒲编续，萤案功深铁砚穿。今日芹香薰满座，亲朋作贺快尊前。’光绪丁未（1907）秋，步育才学（校），少憩，贤舅文昭出容像并苦节图示之，观而有感，遂写俚句以赠：‘青衿已遂当初愿，黄卷犹传后日贤。着意栽（培）桃李盛，留心灌溉桂兰鲜。清如冰玉光弥润，望重圭璋色更妍。最（爱）像容垂不朽，良工粉墨快轻圆。’秀峰汪资深题。”（图十四）

曹文昭，即曹聚仁的父亲曹梦岐。生于清光绪元年（1875），他在祖母钟氏的支持下获得了读书的机会，清末最后一届科举考试来临，他前往金华府学报考，发挥出色，获得了第一名。关于父亲中秀才之事，曹聚仁在他的《我与我的世界》一书中写道："先父到金华府应试的事，他是偷偷地动身，不敢让祖父知道。祖母呢，特地上了挂钟尖去拜神，许了愿。"结果一战而捷。

曹聚仁在《我与我的世界》一书中曾深情地写道："在封建社会，我们这种人家，种田挑粪，泥脚生活，叫做'凉籍'，即是说没有过读书种子。"却不想他父亲在祖母的支持下，劳作之余，拜师启蒙，获得了功名。他们的这个决定，影响了曹梦岐和曹聚仁父子的一生，尤其是使曹梦岐成为了"三百年中第一个上府去应科举的人"。

第十四幅，钦授恩赐。图绘高堂上一报帖上有"捷报贵府太孺人曹钟氏节孝可嘉，奉学政张批灵区炳节印四字匾额表扬风化"字样。另一报帖上有"捷报贵府老爷曹印永道征工部注册，期满分"字样，牌匾书"灵区炳节"四字。题曰："癸卯（1903）秋，张太史莅郡，兰邑举人徐玉斯采逸事，得曹钟氏太孺人节行上之，赐灵区炳节四字匾额。庚子（1900）变后，筹办兵饷，吾父出资助之，布政使咨请奖给职员衔。为想先人事，生平几十年。耐饥兼耐忍，死里复生全。被虐心无怨，欺凌任自然。夫耕妻母助，薄食乐无边。教子维勤读，采芹快父前。命余涂此画，还示子孙贤。丁未秋月以应文昭仁兄大人方家雅鉴，浦阳杏生弟朱淦写并题俚句。"

又有曹文昭亲笔题跋："吾祖母暨父母奇行苦节，皆足启佑后人，故著之于谱，不足，又逐节详之，不足，又按事图之。其所以不忍没先人之苦者，皆所以昭兹来许多贤子贤孙，其深体指示之意。曹文昭自识。"（图十五）

最后一幅为曹聚仁亲笔题跋，毛笔字，字体挺秀萧洒，钤有"曹聚仁"朱文篆字方印。题跋全文为："先德画乘一卷，先君子梦岐公之遗泽也。此卷作于清光绪三十三年（1907）丁未，先君造意，画人朱杏生绘制。岁朝伏腊，一卷横张，先君乃集儿曹语以曾祖母钟及祖父永道公、祖母唐之轶闻，因画及人，因人及事，觌缕敷衍，使人想见太平军乱后创业之艰难。民国十六年（1927）夏，先君弃养，重披旧卷，如闻声欬。其后九年，聚仁怀挟来沪，

图十一

图十二

图十三

图十四

图十五

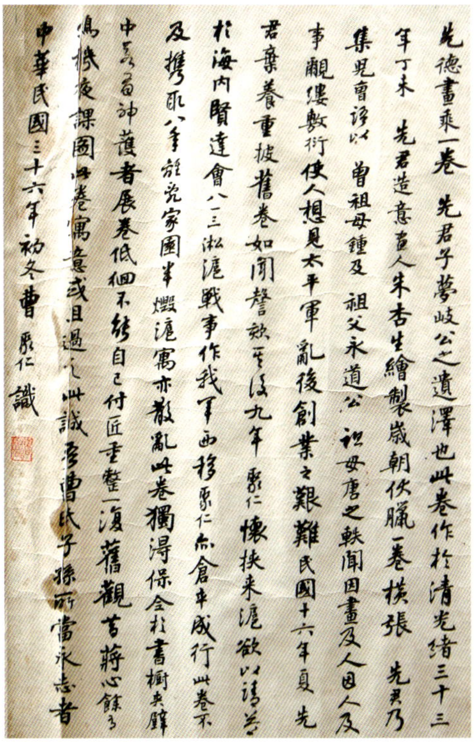

图十六

欲以请益于海内贤达，会‘八·一三’淞沪战事作，我军西移，聚仁亦仓卒成行，此卷不及携取。八年离乱，家园半毁，沪寓亦散乱，此卷独得保全于书橱夹壁中，若有神护者。展卷低徊，不能自已，付匠重整一复旧观。昔蒋心余有鸣机夜课图，此卷寓意或且过之，此诚吾曹氏子孙所当永志者。中华民国三十六年（1947）初冬曹聚仁识。”（图十六）

曹聚仁在他的《蒋畈六十年》中写到：“清宣统年间，他（曹梦岐）请了姓朱的画匠，依着他所说的故事，画成一幅画史。把太婆、爷爷、婆婆的一生经历，留给后人看，这么一来，就让我们来讲古了，岁时伏腊，我们就依着这一卷连环图画一一讲下去，有了一个定型。”因此这幅画轴对曹聚仁来说是无比珍贵的，包含了对父亲曹梦岐的敬重和怀念。曹梦岐中了秀才后，在当时蒋畈只有两家人家的情况下，他毅然办起育才小学，整整 25 年，培养出的学生达 3000 多人，有“蒋畈曹”之誉。在曹聚仁眼里，他是金华学派的最后一个学者，平生只用“实践躬行”四个字来教人。从中也可见这幅画轴对他的重要。

曹聚仁（1900—1972），浙江兰溪市墩头镇蒋畈村人，现代著名作家、学者、记者和杰出的爱国人士。一生充满传奇色彩，研究者无数，然曹聚仁在《我与我的世界·时代的讽刺》等书中多次提到过的家史图卷《先德画乘》，不为大家所了解，事实上这套家史图卷对于研究曹聚仁的家史及生平思想，具有相当的价值。

注释

[1] 曹聚仁：《蒋畈六十年》，生活·读书·新知三联书店，2010 年。

[2] 曹聚仁：《我与我的世界》，生活·读书·新知三联书店，2011 年。

[3] 曹聚仁：《一个小农和一个秀才》，出自《蒋畈六十年》，生活·读书·新知三联书店，2010 年。

跨湖桥遗址半水下展厅环境温湿度调控初探

楼　卫（萧山跨湖桥遗址博物馆　311200）

【摘要】根据跨湖桥遗址博物馆一期建设工程竣工后的环境状况，研究了处于半水下的遗址厅环境，在分析高湿环境形成原因的基础上设计了遗址厅屋面改造和通风除湿工程方案，通过检测数据分析了改造后的遗址厅温湿度控制效果，并提出相应的调整对策。

【关键词】跨湖桥遗址　半水下展厅　遗址保护　环境分析　温湿度控制

跨湖桥遗址是全国重点文物保护单位，该遗址出土的独木舟及相关遗迹是中国乃至世界上最早的独木舟及加工现场，对造船史、交通史和科技史的研究有着非常重要的意义。2005年8月经国家文物局批准实施原址保护工程[1]。

一　遗址厅水文地质状况

跨湖桥遗址位于钱塘江南岸宁绍平原萧山中南部的湘湖之滨，钱塘江、浦阳江自西南流经遗址西北侧形成U字形湾流，向东北注入杭州湾[2]（图一、图二）。跨湖桥遗址保护厅建造以前，遗址区东侧和南侧为湖水域，水位为5.35米，高于遗址地面，对遗址地下水起着侧向补给的作用。遗址区两侧为水塘，是遗址地下水和地表水集中排泄地，由于人工抽水，水塘常年水位保持在−9.10米。受水塘和湘湖控制，遗址地下水呈东南—西北向流动，即地下水在东南方向接受湖水补给流经遗址向西侧水塘排泄。同时，大气降水渗入补给一部分。在这种渗流场及区内岩土透水性控制下，遗址区地下水不仅埋深浅，一般为1—3米，而且流动慢[3]。独木舟虽然处于稳定地下水位以上，但由于遗址区内岩土毛细水系十分发育，加上大气降水影响等原因，使得遗址区土壤及独木舟长期处于饱水状态。

二　一期保护工程

鉴于遗址处于海拔−0.50米的地层，其环境条件不利于文物与文化层的保护。2006年在遗址周围建造平均深度达23.50米的阻水围堰，直抵基岩层，继而在独木舟核心区块周围实施疏干排水工程，在此基础上建造2200平方米的遗址保护厅。2009年湘湖恢复湖面，水位升高后，遗址保护厅被湘湖水域环绕，内外部环境发生了较大的改变，使处于“湖下”的遗址内温湿度升高，出现屋面钢构网架吊顶结露滴水、大面积微生物危害等，对文物与设施安全造成较大影响，尽快对遗址厅环境进行综合评估并采取相应的对策势在必行。

1．暗沟排水工程

根据遗址区的水文地质条件和病害特征，治理遗

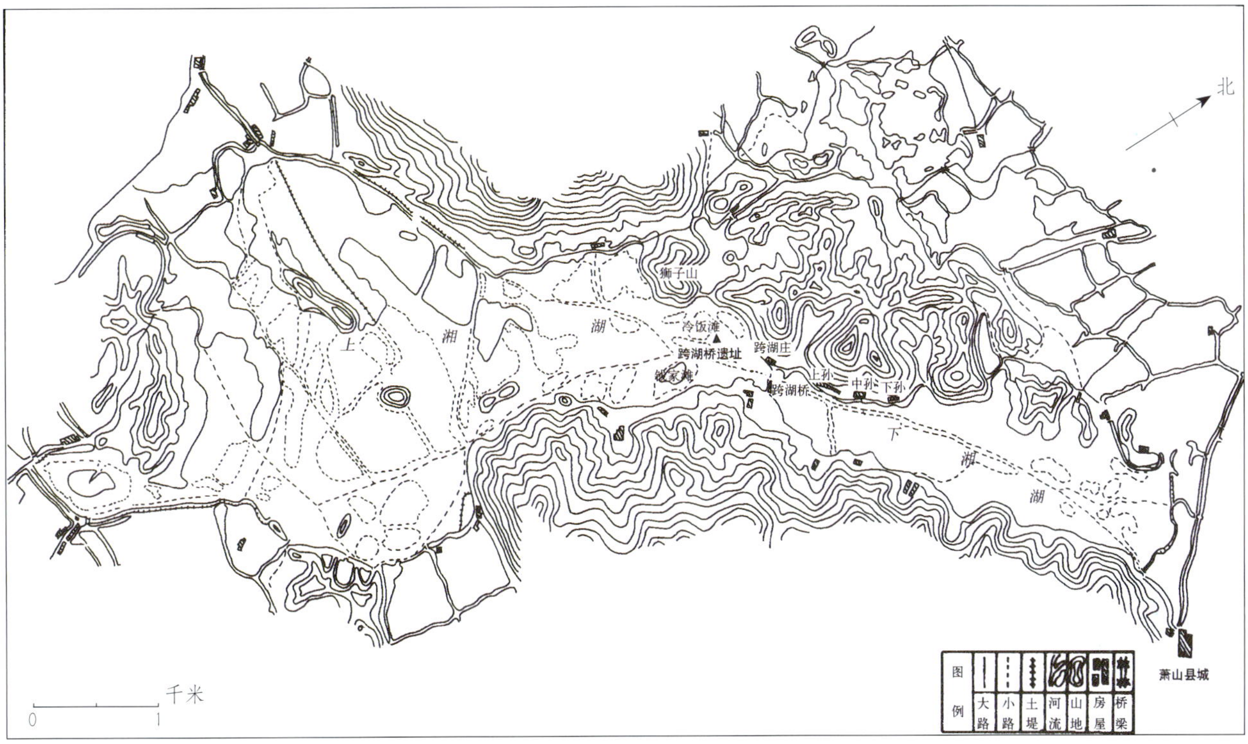

图一 民国16年湘湖

图二 钱塘江及杭州湾遥感影像

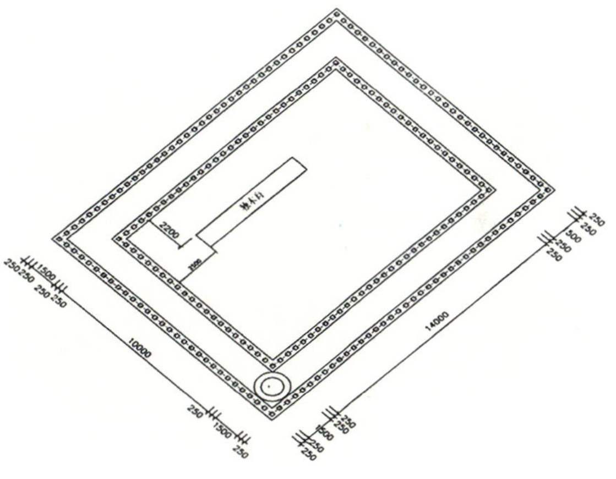

图三 排水沟支护平面布置图

址区地下水采取以排为主，堵排结合的原则。按照遗址区水文地质模型和地下水渗流数值模型，设计了暗沟排水方案[4]，疏干独木舟周围一定范围内的地下水，排水暗沟布置成斜向长方形（图三），其中西沟和东沟平行于独木舟中心线，长约 14 米；西沟距独木舟边缘约 2.2 米；北沟和南沟垂直于独木舟中心线长 10 米，南沟距独木舟边缘约 2.5 米。排水暗沟总长约 48 米，沟宽为 1.5—2 米。在暗沟西侧拐角设置集水井（图四），井底低于暗沟底板 0.5 米左右，倾斜坡度约 2%，井内水位超过 2 米，通过水泵将水集中排到围堰夹层水沟内，再排入湘湖。

2. 土遗址加固工程

由于跨湖桥遗址长期处于高湿环境，化学加固材料主要考虑渗透性和固化强度较好的水性环氧[5]，主剂为水性环氧树脂，环氧树脂固含量约为 10%，固化剂为水性胺类固化剂，溶剂为自来水，主剂与固化剂体积比为 3:1，调节水的体积可得到不同浓度的加固材料。跨湖桥遗址面积较大，加之长期处于室外，病害比较复杂。因此，在设计保护施工方案时，充分考虑遗址所处高湿环境和上卧木质文物保护的需要，

图四 集水井

图五 屋顶边缘的不规则缝隙

图六 聚氨酯发泡施工

图七 聚氨酯发泡材料的保温效果对比

确定采取综合技术措施进行加固保护，采用软土电化学成桩法加固法与化学加固法相结合[6]的方法进行，将整个遗址区分成三个区域进行加固：独木舟及相关遗迹区、未发掘区和文化层区。其中独木舟及相关遗迹区主要采用电化学成桩和钻孔注浆结合加固法；未发掘区、文化层区等主要采用化学加固法，包括裂隙充填注浆加固、钻孔注浆加固、渗透注浆加固和表面防风化处理等方法，对遗址基础与表面进行整体加固。加固工程于2010年12月底完成，改善了文化层土体整体稳定性以及抵抗外界荷载破坏的性能，地基承载力和强度大大提高。

3. 遗址保护厅建设工程

遗址保护厅是由浙江省水利设计研究院设计的一项防洪防水保护工程，该保护工程兼具展示功能，于2009年9月交付使用。保护厅为椭圆形穹顶大空间建筑，屋顶部为金色半球状钢结构网架设计，建筑面积约2200平方米，中心高约10米，屋顶边缘留有不规则缝隙（图五）。遗址底部距湘湖水面6—8米，展厅平面为椭圆形结构，长轴内净长为54米，短轴内净长为40米。该建筑总体高约40米，露出湘湖水面约2.5米。四周围堰挡墙分为上下两部分，采用钢筋混凝土浇筑而成，上部分由双层中空防渗墙和隔水廊道组成，高约10米；下部分为建筑桩基，高约30米，桩基打入岩土弱风化层[7]0.5米，由厚1米、长6米的钢筋混凝土防渗墙自下而上浇注连接组成高30米的封闭挡水墙体，将湖水隔断。

三 遗址厅改造工程

遗址厅建成使用一年后，屋面的一块保温棉突然坠落，我们对屋面进行全面检查发现，用于固定保温棉的钢丝网有60%～70%出现不同程度的腐蚀，表面粗糙锈积、变形和弯折等现象较为普遍，大块的保温棉饱水后变重，将逐渐腐蚀生锈的钢丝网压断，会对文物和游客的安全产生严重的影响。为此，我们多次邀请木质文物保护、环境检测、气象、土遗址保护、结构工程和暖通等各学科专家一起会诊，确定了改造工程的总体思路，即在屋顶重新加装保温材料，并安装全循环除湿设备，将相对湿度控制于露点下。

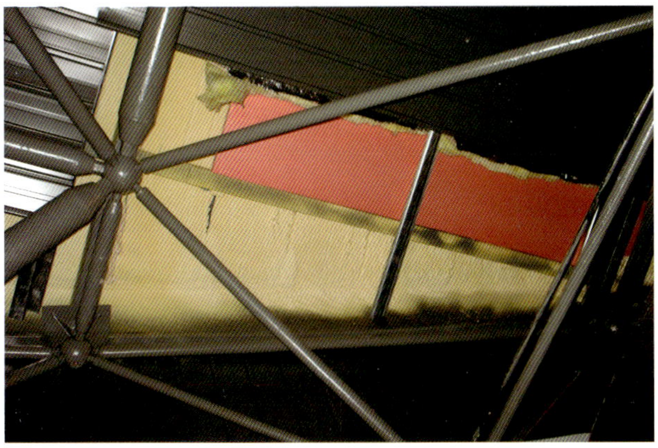

图八 加装挤塑板

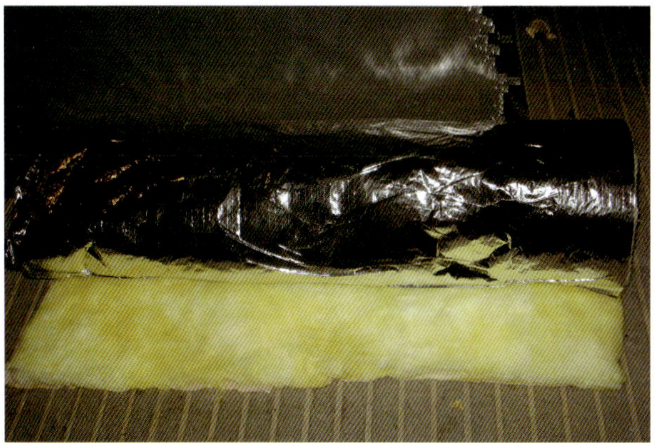

图九 铺设75毫米保温棉

图十 彩板压型吊顶板

图十一 风冷热泵型吊顶式恒温恒湿机

（一）屋面改造

1. 屋面保温设计

屋面保温设计与施工规范依据《网架结构设计与施工规程》JGJ7–91、《钢结构设计规范》GB50017–2003、《钢结构工程施工质量验收规范》GB50205–2001、《钢网架行业标准》JGJ75.1 ~ 75.3–91、《钢网架螺栓球节点用高强度螺栓》GB/T16939。网架改造设计不超过静荷载上弦层 0.50kN/m^2、下弦层 0.30kN/m^2、活荷载 0.50kN/m^2 的要求；基本风戴 0.50kN/m^2；由计算机程序自动形成网架自重；荷载必须作用在节点上，使杆件不承受横向荷载。

2. 施工方法及步骤

（1）安全措施：在独木舟玻璃房外搭设保护棚，四周采用脚手架，上部用方管支撑。方管采用自攻螺丝固定，用彩钢压型板作为保护板，压型板上部满铺脚手片；遗址铺满彩条防止涂刷油漆落下。严禁使用电焊焊接，利用原网架高度作为工作空间，原网架下弦上铺设木板做工作平台，网架下弦杆下设置安全网，防止材料、工具坠落，造成遗址破坏，确保文物安全。

（2）对顶部与围堰立面缝隙进行封闭，以防湖面潮湿空气进入。铝镁锰板下口与方管之间空隙采用折边彩钢板内衬收边，一面与原方管采用铝拉铆钉固定，另一面与屋面板用丁基胶条黏合，再用玻璃耐候胶密封。施工中注意原屋面板与内衬收边板的位置与角度，确保没有空隙，尽量达到密封的效果。

（3）钢构顶面内部安装保温层，降低传热系数。在铝镁锰合金单层压型板内侧使用聚氨酯发泡剂(PU FOAM)，提高保温隔热效率。施工前，除去铝镁锰板表面的油污和浮尘，采取机械高压喷涂发泡法，用发泡机将聚氨酯发泡。使用时将料罐倒置与喷枪螺纹连接，旋转打开流量阀，调节流量后进行喷射（图六），泡沫迅速膨胀固化在铝镁锰板表面，形成不少于厚20 毫米的泡沫。固化的泡沫轻便、细腻、均匀，该法施工简单，对环境要求低，施工温度在 5℃ ~ 40℃，使用温度范围为 –35℃ ~ 80℃，同时还具有安全（能

表一　过渡季节焓湿图显示的空气状态点

状态点名称	干球温度（℃）	湿球温度（℃）	露点温度（℃）	相对湿度（%）	含湿量（g/kg）	焓（kJ/kg）
室外参数	22	20.82	20.28	90	14.95	60.22
室内参数	22	15.52	11.11	50	8.22	43.11

达到B级阻燃级别）、耐用（一般在10年以上）的优势，是一种环保节能的材料。该材料的保温效果，在施工过程中得到检验，施工到一半时，正遇上一场大雪，一夜过后，遗址厅顶部已完成聚氨酯发泡部分的雪依然如初，未施工部分的雪已全部融化（图七），说明聚氨酯发泡的保温隔热效果理想。安装50毫米防火挤塑板（图八），再铺设75毫米保温棉（图九），最后安装彩板压型吊顶板（图十），边缘用平彩钢板封口，既保温又美观耐用。原主檩条与网架上弦杆间距较小，网架上弦杆规格较大，最大为φ159，造成彩板压型吊顶板无法与原主檩固定。施工时在原主檩条与主檩条之间增加二道“Z”字檩条，“Z”字檩条固定在副檩条下口，采用φ5.5×35标迪螺丝固定，“Z”字檩条高度与主檩条一致，屋面吊顶板长度按每个网格长度加搭接，安装顺序由中间向两边按长度方向铺装。

（4）对建筑作封闭处理，降低能源消耗。在遗址厅入口处安装隔热帘，将抽风机排气口封闭处理，防止平时外围潮湿空气进入，造成不必要的能源损耗。

（二）加装温湿度调节设施

屋面保温工程改造完成后，取得良好的保湿隔热效果，屋顶结露现象基本得到解决，但要达到文化层保护与展示环境要求，还需要加装温湿度调节设备，从控温、除湿和通风三方面进行全面统筹规划。除湿设备要实用性、可靠性和经济性相结合，既要达到温湿度设计要求，又要节能环保、美观耐用，还要配置灵活、易于维护。

设计依据：《采暖通风与空气调节设计规范》（GB50019-2003）、《通风与空调工程施工及质量验收规范》（GB50243-2002）、《除湿机》（GB/T 19411-2003）。室外设计参数按干球温度35.7℃，湿球温度28.5℃；室内设计参数按温度24℃，相对湿度50%取值。馆内人员按200人取值，按新风量50m³/h计算。空调负荷取最大值为385kW，冷负荷指标约230W/m²。过渡季节室外设计参数干球温度22℃，相对湿度90%；室内设计参数按温度22℃，相对湿度50%取值。根据焓湿图（表一），得出空气状态点，计算出总散湿量。

含湿量差值△d=14.95-8.22=6.73（g/kg），馆内人员按200人取值，按新风量50m³/h计算，则新风量G约为：200×50=10000m³/h，新风散湿量计

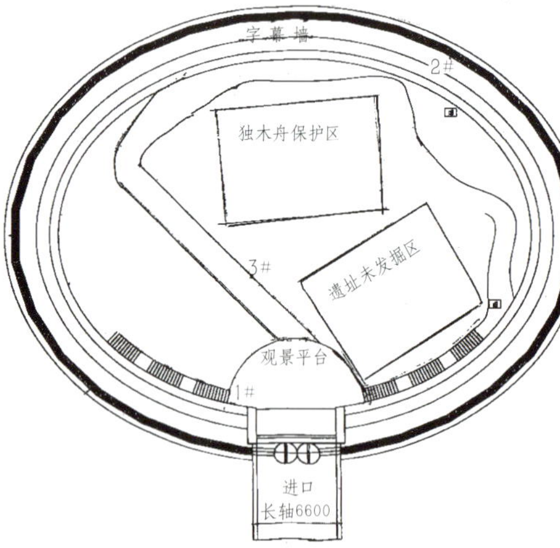

图十二　遗址厅监测点分布

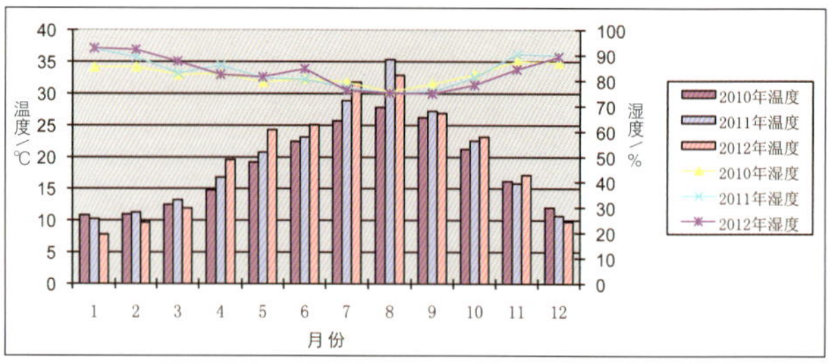

图十三，1　2010—2012年遗址厅每月平均温湿度对照

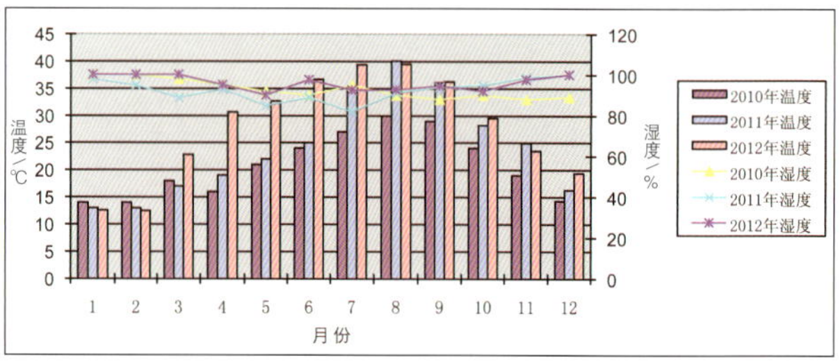

图十三，2　2010—2012年遗址厅每月最高温湿度对照

算：$W_1=G\times\triangle d=10000\times1.2\times6.73/1000=81$kg/h，人员散湿量按65g/人计算：$W_2=200\times65/1000=13$ kg/h，总散湿量约：81+13=94kg/h。

根据空调负荷计算表：最大冷负荷（不含新风）为246781W，面积1700m^{2}冷负荷指标145.17W/m^2；最大湿负荷(不含新风)为58.17kg/h,湿负荷指标0.03 kg/m^{2}h。

根据以上计算结果，故选用风冷热泵型吊顶式空调机组2套，每套风量34000m^3/h，制冷量199.2kW，制热量109.2kW，机组为整体式，可全部放置室外，具有自动制冷、制热模式；选用风冷调温型除湿机组2套，每套除湿量49.4kg/h，风量12000m^3/h，分室内机及室外机两部分，通过铜管连接，机组根据回风温湿度值及设定值之差自动进行调温除湿、升温除湿、降温除湿运行模式。每套热泵空调机组配一套风冷调温型除湿机组使用（图十一），共用一套送回风系统，每台机组的送、回风口处配风量调节阀，与机组连锁控制，并安装止回阀，新回风在回风静压箱内混合后，进入空调机组、除湿机组处理后，经送风静压箱和风管送入室内。机组能量控制调节范围0～33%～66%～100%，温度控制范围夏季24℃～26℃ ±0.8℃、冬季20℃～22℃ ±0.8℃，湿度控制范围55%～65%。夏冬季调温，过渡季节除湿和调温，既能满足需要，又更加节约能耗。

四 讨 论

（一）遗址厅环境温湿度分析

1. 改造前温湿度状况

针对遗址厅建成后出现的问题，我们在遗址厅内设置3处温湿度监测点（图十二），分别为：入口左侧（1#）、字幕墙右下方（2#）、遗址未发掘区边缘（3#）。设备为奥地利（E+E）HUMLOG温湿度记录仪，每三小时自动记录一次。根据统计结果[7]显示，2010、2011、2012年间，遗址厅内温度为10℃～40℃之间，相对湿度为80%～100%之间，温度越低湿度越高。遗址厅内每日温度变化在5℃～10℃之间，湿度变化在10%～20%之间（图十三），春夏秋季闷热，冬季异常潮湿，造成保温层

图十四 保温棉拆除的屋面

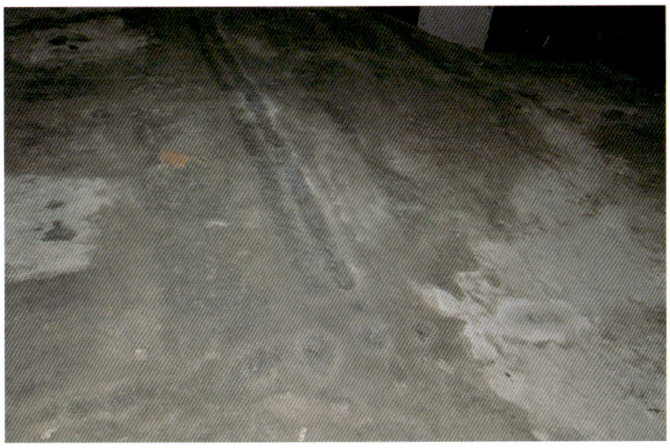

图十五 屋面长期滴水形成的痕迹

图十六 冷凝水长期浸润对土遗址造成破坏

图十七 遗址土体微生物危害

图十八 盐析现象对土遗址造成破坏

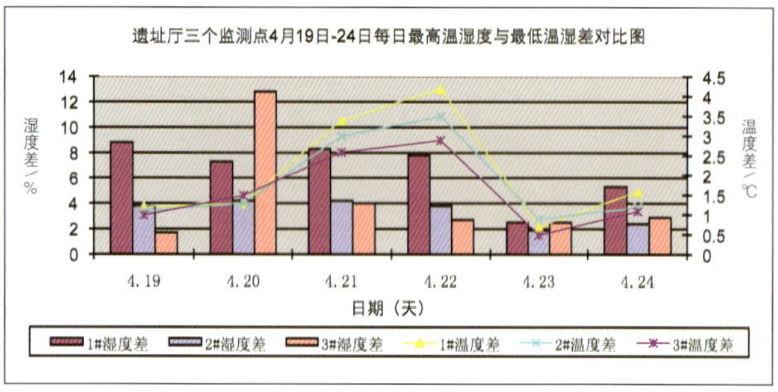

图十九 使用空调前

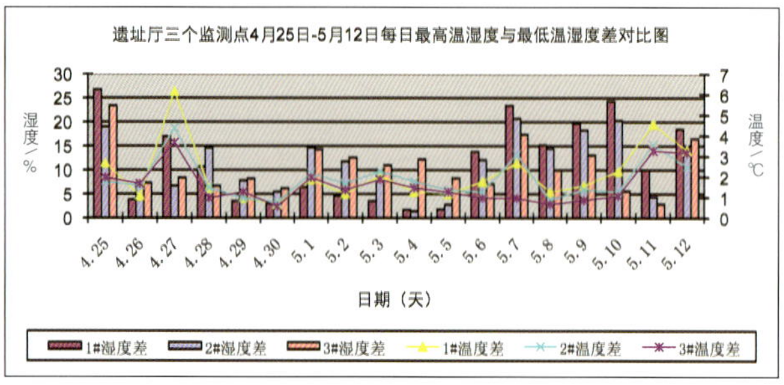

图二十 使用空调后

吸湿增重后跌落。

保温材料拆除后，温湿度与拆除前相比有如下变化：月平均温度变化较为明显，4、5、6、7、8月有较大升高，9、10、11月基本持平，12、1、2、3月略有降低；月平均湿度有一定的变化，平均湿度仍保持在80%以上，12、1、2、3、4月略有升高，5、6、8月基本持平，7、9、10月略有下降。这一变化造成屋面钢构网架结露滴水。

综上所述，遗址厅内的温湿度已大大超过木质文物和土遗址保护的要求，特别是屋面保温材料拆除后，辐射热增加，遗址厅温度变化增大。因此，12、1、2、3月出现严重的结露现象。

2.“冷桥”现象及其危害

(1)“冷桥”现象

由于在馆舍建造中，涉及成本等因素，遗址厅未能安装温湿度控制设备，仅依靠5台排风机和3台送风机进行空气交换，遗址厅内相对湿度长期处于80%～100%之间，钢丝网逐渐被腐蚀，同时屋面的保温棉不断吸入水分导致重量增加，将外层锡箔和被腐蚀的钢丝网压断，自然坠落。因材料和工艺的原因，无法对屋面保温层进行加固处理，为消除安全隐患，12月将遗址厅保温层整体拆除。

保温层拆除后，屋顶仅剩一层厚0.9毫米的条状凹凸铝镁锰合金单层压型板（图十四），每年12月至次年4月间，都会出现较严重的季节性结露滴水现象（图十五）。由于铝镁锰板导热系数较大、无法阻挡屋顶的辐射热，造成室内温度大幅升高，屋面温度达50℃～70℃。每到春、冬季早晚温差较大时，室内高温空气与低温物体表面接触，达到对应的露点温度而析出水分，形成“冷桥”效应。室内外温差越大，冷热空气交替越频繁时，铝镁锰板屋面、吊架、新排风系统的风机口等部位的冷凝水量就越大。同时，加上屋顶面板与四周方管檩条之间存在的不规则缝隙，湖面的潮湿空气不断进入，使厅内温湿度的变化更加复杂。

(2)“冷桥”危害

冷桥现象造成的危害有：第一，冷凝水的长期浸润，对土遗址和未发掘的文物造成破坏（图十六）。第二，空气及土壤中细菌和真菌总量较高。由于遗址曾遭受海侵，土壤中有机质丰富，而且霉菌等微生物是以孢子形式在空气中传播，故在遗址厅内空气流动性较差高温高湿的环境下，极易造成微生物不断蔓延和扩展（图十七）。经检测[8]，2010年遗址厅空气中真菌数量814.10±243.82CFU/m³，细菌数量157.44±37.69CFU/m³，尤其是从5、6月份开始，随着遗址厅空气温度的升高，真菌数量急剧增加，6月份至9月份期间真菌数量都超过了1000CFU/m³。细菌数量变化幅度不大，除了7月份略超过200CFU/m³，其他月份都在200CFU/m³以下，对室内空气造成污染，危及遗址土体及字幕墙。第三，析盐现象[9]对土遗址造成破坏（图十八）。室内高温导致土壤内部压力增大，盐分随水分的蒸发反复析出和潮解，使土遗址出现开裂脱皮等病害。第四，潮湿的空气对钢梁、设施设备的腐蚀，导致建筑结构受损，安防、消防及电器设备故障频发。结露滴水现象严重影响正常的参观和展示。

（二）改造后效果评估

1. 屋面保温保湿效果

对 2013 年 4 月 19—24 日屋面保温及封闭改造后的监测数据（图十九）分析：改造前，温度变化在 5℃ ~ 10℃之间，湿度变化在 10 %~ 20 %之间；改造后，温度变化在 0.5℃ ~ 4.2℃之间，湿度变化在 1.7 %~ 12.8 %之间。每日最高和最低温湿度的对比结果表明，各监测点之间的温湿度波动明显减小，说明屋面保温改造后，遗址厅保温保湿效果显著，基本解决了结露滴水问题。

2. 遗址厅温湿度调控效果

以 2013 年 4 月 25 日至 5 月 12 日，屋面吊顶式组合空调运行后监测数据（图二十）为例，设定温度为 20℃、相对湿度为 60%，开机一天后，温度较平稳，湿度降低约 20% ~ 25%，控温减湿效果显现。对 24 小时连续开机 18 天的统计数据分析，遗址厅内的温湿度变化有以下规律：(1) 使用空调前，每日平均湿度在 85% ~ 93% 之间，使用空调后，每日平均湿度在 55% ~ 76% 之间，大多数日平均湿度保持在 60%±5 之间,降湿效果明显。(2) 每日最高与高低温度变化较小，约在 0.7℃ ~ 6.2℃之间，与未开机前的 0.5℃ ~ 4.2℃相比，变化不大。(3) 每个监测点每日最高湿度与最低湿度间的变化较大，在 1.4 %~ 26.7 %之间，与未开空调的 1.7 %~ 12.8 %相比，有较大增加。(4) 各个监测点在同一时刻的湿度差增大，使用空调前，遗址厅各监测点之间的差异，在 1.7 %~ 12.8 %之间；连续使用空调后，在 3.2 %~ 18.7 %之间，有一定增加。

综上分析，该空调设备使用后，每日平均湿度降低 20% ~ 30%，除湿效果显著，达到温度控制设计要求；温度波动减小，控温效果良好；每个监测点日湿度波动增大，日增范围在 5% ~ 15%；各监测点之间的湿度差，也有一定增加，增加范围在 1.5% ~ 8%，说明不同区位的除湿效果还存在一定差异。

（三）环境温湿度影响因素

跨湖桥遗址保护厅被湘湖水面环绕，室内面积约 1600 平方米，通高达 9 米以上，2/3 建筑在水平面以下，虽然在此环境下温度波动比地面建筑小，但湿度影响十分严重，主要有以下几方面因素：(1) 湖水从地基渗透。挡水墙桩基打入相对隔水层，在遗址的四周形成隔水层，目的是切断周围湖水的入侵。根据水文地质勘探资料和对遗址中土体特征的检测数据分析[10]，相对隔水层是第四系上更新统残破积层粘土，渗透系数小于 1.0×107cm/s，该土层厚度约 4—8 米，虽然分布稳定，土体渗透性低，处于硬塑状态，但在湖水巨大的压力和丰富的毛细管作用下，底部水分还是不断渗透，使遗址土层始终处于潮湿状态。(2) 遗址中 5 个排水沟水分的蒸发，排水沟（图二十一）的作用是将遗址土壤中的水汇集到沟内，达到一定高度后再排入围堰夹层排水沟内，当沟内水量超过警戒水位，由水泵自动排入湘湖。(3) 集水井

图二十一　遗址内的排水沟

图二十二　遗址的渗水点

内水分的蒸发，独木舟核心区疏干排水至集水井，集水井水量一般处于2米以下，当井内水位超过2米时，用水泵排到围堰夹层排水沟内。(4) 遗址土体多处出现渗水现象，大量的毛细水和屋面滴下的冷凝水使遗址土壤处于潮湿状态，当某处土壤饱水时，就出现向较低区域渗流的现象（图二十二）。以上四方面因素表明遗址厅内有大范围的表面蒸发存在。

根据非密闭空间除湿模型模拟的效果，可以看出，非密闭空间在除湿初始阶段，空间内的湿度迅速下降至某一值，后又开始逐渐升高。这一结果与3处监测点一天内湿度变化规律吻合，说明遗址厅内因有潮湿空气不断产生，而无法达到稳定的除湿效果。潮湿空气的产生，可以从运行的3个月来，遗址土壤表面不断增多的析出的盐分得到解释，在空调不断除去空气中的水分时，也除去土壤表面的水分，使土体深部与表面产生压差，在毛细作用下，土壤中的盐分随地下水输送到土体表面，而表面盐分吸湿又被潮解，这一过程不断重复，显示除湿过程中的湿度波动。说明空调使用后湿度波动增大，与遗址内的水分蒸发有直接关系。此外，设备容量与配置、控制系统水平及送回风系统布设等对环境温湿度变化也具有重要作用，需要进一步综合研究。

五 结 论

跨湖桥遗址保护厅内的高湿现象是由其特殊的地理位置所决定的，大厅屋面改造后，保温保湿效果明显，基本解决了保温层吸水与屋面滴水的问题；温湿度控制设备配置后，除湿效果明显，但大厅各区位温湿度差别增大，日温湿度波动大的问题未得到根本解决，除了挡水墙与地基渗水、湖面湿空气补充等自然因素外，可能存在着温湿度监测点数量少、设点偏、机组与控制系统一对一、送回风系统布设不尽合理等因素。应根据不同送风参数下恒温恒湿机组运行时大厅内流场及温度场分布特性，进行相关的数值模拟，并将计算结果与实测结果进行对比，调整现有设备容量下的风量风速、风管布设和导风角度等，并增加和调整温湿度检测点，将恒温恒湿机、通风除湿机与控制器组成的一对一温湿度控制方式改造成计算机集中控制系统，以减小遗址厅内不同区位的温湿度差异和日波动幅度。

跨湖桥独木舟及周围木构件与文化层土体安全保存的相对湿度参数不同，目前，文物保护界一般把古木材的保存指标定在相对湿度55%～65%的范围，从以往运行情况来看，该相对湿度范围对遗址厅土体并不合适，易引起土体表面开裂，导致盐析（土壤表面出现盐结晶）等病害，根据跨湖桥遗址土壤性质，环境温度在25±1℃时，相对湿度控制在70%～75%比较合适，与此同时，应加强科学管理，并采取适当的微生物危害防治措施。

本文得到浙江省文物局文物保护科技项目(2010008) 经费资助。

注释

[1] [3] [6] [10] 湖北省文物保护技术研究中心、浙江省博物馆、中国地质大学等七家单位共同编制：《杭州萧山跨湖桥独木舟遗址原址保护工程可行性方案研究》，2008年9月。

[2] 浙江省文物考古研究所、萧山博物馆：《浦阳江流域考古报告之一——跨湖桥》，文物出版社，2004年，第2页。

[4] 陈中行：《杭州萧山跨湖桥遗址独木舟原址脱水加固定型保护》，《跨湖桥文化国际学术研讨会》，文物出版社，2012年。

[5] 南京博物院：《跨湖桥独木舟土体基础加固竣工报告》，2010年11月。

[7] 温湿度数据由郑伟军、杨国萍、丁灵倩负责统计。

[8] 楼卫：《跨湖桥独木舟遗址微生物危害综合防治课题研究中期报告》，《跨湖桥文化国际学术研讨会论文集》，文物出版社，2012年。

[9] 卢衡、靳海斌：《跨湖桥遗址地层性质的盐量法研究》，《东方博物》第18辑，浙江大学出版社，2005年。

山梨醇对严重降解饱水古木材的定形保护研究

刘东坡（浙江省博物馆　310007）

【摘要】以山梨醇作为定形加固剂，采用真空冷冻干燥的方式对河姆渡新石器时代遗址出土的严重降解饱水古木材进行定形加固处理。浸渍填充阶段加热温度为 50℃，初始浸渍溶液质量百分比浓度为 10%，依次按照 20%、30%、40%、50% 的浓度梯度逐级提高。真空冷冻干燥阶段冷阱温度为 −58.5℃，真空度为 65.83Pa，升华阶段加热温度为 28℃。结果显示，山梨醇对严重降解的饱水古木材具有良好的定形加固作用，处理后古木材色泽自然，质感柔和且没有蜡质感。

【关键词】山梨醇　饱水古木材　定形加固　真空冷冻干燥

先民们在长期的生活和生产实践中，留下了大量用木材加工制作的木质构件[1]，这些木质构件历经变迁，大多掩埋于地下或者沉没于水底。由于受到周围环境中的生物、物理、化学等因素的共同作用，木材的组织成分逐渐发生降解流失，导致古木材的机械强度大大降低，结构糟朽。木材组织内部的孔隙率增加，结构疏松，水分渗透充盈其间，古木材整体呈饱水状态，绝对含水率可高达 1500% 以上[2]。当这些饱水古木材被发掘出土或打捞出水后，如果不采取措施对失水干燥过程加以控制，各种干燥应力必然引起古木材的翘曲、变形、收缩和开裂，严重时甚至会出现古木材的完全崩塌。因此对于这类严重降解的饱水古木材必须进行定形加固处理。

对饱水古木材的定形加固处理，国内外文物保护工作者都做了广泛深入的研究并取得了丰硕成果[3]。目前应用比较广泛的定形加固方法分别是以高级醇为代表的非水溶性体系和以聚乙二醇（PEG）为代表的水溶性体系。以高级醇作为定形加固剂处理的饱水古木材对环境的稳定性较好，在高湿环境下不会出现吸湿返潮现象，但当渗透填充浓度较低时，处理后的器物在放置过程中随着古木材内部残留乙醇的逐渐挥发会出现高级醇的反渗现象，当渗透填充浓度过高时处理后的器物表面会出现明显的蜡质感，而且在整个处理过程中要用到大量挥发性有机溶剂并需要对体系进行加热，这类溶剂易燃易爆，安全性更难以保证，且大量的挥发性溶剂回收困难，造成严重的环境污染。以 PEG 为定形加固剂的处理方法操作简便，可重复操作，对饱水古木材具有良好的定形加固作用。虽然 PEG 的化学性质比较稳定，但也可以发生分子链断裂的降解过程，并生成甲酸等有害物质[4]，同时随着 PEG 分子量的增加，分子尺寸也越来越大，且随着分子量的增加渗透溶液的黏度也相应增加，这些都将降低 PEG 在饱水古木材基体内的渗透填充速率。Dragica Jeremic 研究了在真空条件下 PEG 在红松细胞壁间的渗透速率，虽然通过改变渗透压力可以提高 PEG 在木材组织内的渗透速率，但其扩散系数也依然在 10—13m^2/s 数量级[5]。此外应用 PEG 作为定形加固剂，浸渍溶液浓度过高时，处理后的器物表面也会出现明显的蜡质感，而且器物在高湿环境下会出现明显的吸湿现象，并会滋生微生物，因此通常需要在渗透填充阶段加入防霉抗菌剂以抑制微生物的滋生[6]。

在饱水古木材保护处理的诸多定形加固剂中，除了传统的高级醇以及 PEG 等之外，日本学者还尝试了山梨醇衍生物 4-β-D-吡喃半乳糖基-D-山梨醇对饱水木质文物的保护处理，张金萍[7]等研究了以 4-β-D-吡喃半乳糖基-D-山梨醇为主体其他材料改性的处理方法，并对多组不同材种的饱水古木材进行定形处理。与可以作为定形加固剂的山梨醇的衍生物相比，作为单体的山梨醇，不仅化学性质稳定，热稳定性好，而且分子较其衍生物小、渗透能力更强，而以山梨醇作为定形加固剂保护处理饱水古木材的方法尚未见报道。本文以山梨醇作为定形加固剂，结合真空冷冻干燥技术，选用河姆渡新石器时代遗址出土的严重降解饱水古木材作为实验试样，并与对比试样（以 PEG2000 为定形加固剂处理的饱水古木材试样）和空白试样（自然干燥试样）进行比较，考察山梨醇对严重降解饱水古木材的定形保护效果。

一 实验材料及方法

（一）材料与试剂

实验选用的饱水古木材试样为河姆渡新石器时代遗址出土的建筑木构件残块，试样绝对含水率为 540%，纤维素含量 5.01%—6.47%，半纤维素含量 7.63%—10.36%，木质素含量 66.65%—74.72%，半纤维素与木质素比值 H/L 介于 0.11—0.14 之间，属于严重降解的饱水古木材。

山梨醇，化学纯，Fisher Scientific（HONG KONG）Ltd.，PEG2000，化学纯，国药集团化学试剂有限公司，实验用水为自制纯净水。

（二）样品制备

将饱水古木材试样浸渍于 50℃的山梨醇水溶液中进行渗透填充，初始浸渍溶液质量百分比浓度为 10%，渗透平衡后依次按照 20%、30%、40%、50% 的浓度梯度逐级提高浸渍溶液浓度。渗透填充结束后，采用真空冷冻干燥的方式对试样进行脱水干燥，冷阱温度 -58.5℃，真空度 65.83Pa，升华阶段加热温度 28℃。真空冷冻干燥结束后，取出试样，用软毛刷刷除表面多余的松散山梨醇，放入干燥器内备用。

对比试样是以 PEG2000 为定形加固剂处理的饱水古木材试样，制备方法同山梨醇试样。真空冷冻干燥结束后，取出试样，用软毛刷刷除表面多余的 PEG。部分试样用脱脂棉蘸取 5% 的乙二酸溶液进行

表一 不同定形加固剂对严重降解饱水古木材的尺寸稳定情况

定形加固剂	处理情况	尺寸稳定性		
		长（毫米）	宽（毫米）	高（毫米）
山梨醇	处理前	200.0	69.5	43.0
	处理后	194.7	68.2	42.0
	收缩率	2.65%	1.87%	2.32%
PEG2000	处理前	213.7	84.6	47.1
	处理后	208.5	83.2	46.1
	收缩率	2.43%	1.65%	2.55%
空白试样	自然干燥前	173.1	46.0	56.8
	自然干燥后	126.0	35.6	41.2
	收缩率	27.21%	22.61%	27.46%

脱色处理，然后用 5% 的 $NaHCO_3$ 稀溶液擦拭中和试样表面残余的乙二酸，再用脱脂棉蘸取纯净水擦拭去除表面残余的盐分，放置干燥后，移入干燥器备用。

空白试样为自然干燥试样。

二 结果与讨论

（一）尺寸稳定性

山梨醇和 PEG2000 对严重降解饱水古木材的定形加固情况如表所示（表一），表中同时列出了空白试样在自然干燥前后尺寸的变化情况。

从表一数据来看，空白试样在长、宽、高三个方向的收缩都比较严重，最大收缩率接近 30%。由此可知，对于这类严重降解的饱水古木材，如果不做定形加固处理，后果将是极其严重的。而用山梨醇和 PEG2000 做过定形加固处理的试样的尺寸变化较小，而且以山梨醇作为定形加固剂对饱水古木材的尺寸稳定情况与传统的 PEG2000 对饱水古木材的尺寸稳定情况效果相当，因此用山梨醇作为定形加固剂，可以对严重降解饱水古木材起到尺寸稳定作用。

（二）色泽与质感

如图一、图二和图三所示，与自然干燥引起降解饱水古木材干燥后的严重的收缩和开裂相比，山梨醇和 PEG2000 作为定形加固剂可以对饱水古木材起到良好的定形作用，此结果与表一所示的结论一致。

在保持饱水古木材试样尺寸稳定的同时，从外观上看，用山梨醇作为定形加固剂处理的试样色泽自然，质感柔和，具有天然的木质感和清晰自然的木材纹理，古木材表面无蜡质感。而 PEG2000 作为定形加固剂处理的试样虽然可以保持清晰的木材纹理，但试样色泽较深，且具有明显的蜡质感。图二中 2—

图一 经山梨醇定形保护处理后的古木材试样

图二 经PEG2000定形保护处理后的古木材试样

图三 自然干燥后的古木材试样

表二　不同定形加固剂在饱水古木材试样空腔内的填充效率

定形加固剂		W_{ab}(%)	质量（g）		填充效率	
名称	ρ（g/cm³）		G_o	Gtd	Bm	Bv
山梨醇	1.48	540	414.64	220.27	2.40	0.30
PEG2000	1.14		542.12	334.04	2.93	0.49

注：表中 W_{ab} 为试样的绝对含水率，G_o 为试样的湿基质量，G_{td} 为试样经定形加固剂处理并干燥后的质量，B_m 为定形加固剂在试样内的绝对质量填充效率，B_v 为定形加固剂在试样内的体积填充效率

4 是古木材试样表面经过 5% 乙二酸脱色处理后的截面图。如图所示，虽然经过乙二酸脱色处理可以使试样的色泽变浅，但试样表面依然有明显的蜡质感。

（三）定形加固剂在饱水古木材内的填充效率

山梨醇和 PEG2000 在已做定形处理的古木材内的绝对质量填充效率和体积填充效率如表二所示。

理论上，当用质量百分比浓度为 50% 的浸渍溶液处理试样，达到渗透平衡时，原本充盈在木材空腔内的水分也将被质量百分比浓度为 50% 的浸渍溶液所置换。室温条件下，用山梨醇作为定形加固剂时，其溶液密度为 1.15g/cm³，其固体密度为 1.48g/cm³，理论上其绝对质量填充效率为 3.11，体积填充效率是 0.39，用 PEG2000 作为定形加固剂时，其溶液密度为 1.09g/cm³，其固体密度为 1.14g/cm³，理论上其绝对质量填充效率为 2.94，体积填充效率为 0.49。

表二的数据显示，在以质量百分比浓度为 50% 的浸渍溶液作为处理终点时的浓度，达到渗透平衡后，不同的定形加固剂在饱水古木材空腔内的填充效率不同。上表中分别以山梨醇和 PEG2000 作为定形加固剂时，实验测得山梨醇的绝对质量填充效率和体积填充效率均约是其渗透平衡时理论值的 77%，PEG2000 的绝对质量填充效率和体积填充效率等于其渗透平衡时的理论值。其中山梨醇的绝对质量填充效率仅是 PEG2000 绝对质量填充效率的 82%，而体积填充效率仅是 PEG2000 体积填充效率的 61%。结合表一的数据可以看出，山梨醇作为定形加固剂可以以远低于其理论值的填充效率就可以对严重降解的饱水古木材起到良好的定形保护作用，在以相同浸渍溶液浓度作为处理终点时，山梨醇的填充效率也同样小于与其定形效果相当的 PEG2000 的填充效率。即以山梨醇作为定形加固剂时，可以用较少的填充剂量就可以达到对饱水古木材进行尺寸稳定的效果。

（四）高湿环境下的稳定性

山梨醇和 PEG2000 作为定形加固剂都可以对严重降解的古木材起到良好的尺寸稳定作用，但由于分子结构和性质的不同，决定了经两种定形加固剂处理的古木材试样在高湿环境下对湿度的稳定性不同。图四为空白试样以及分别用山梨醇和 PEG2000 作为定形加固剂处理的古木材试样在 30℃、75%RH

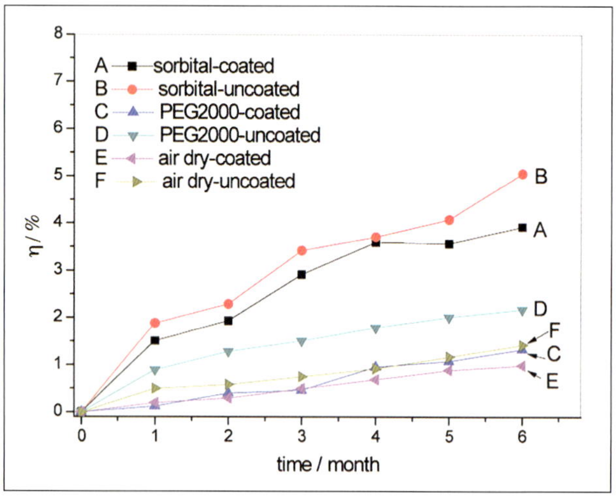

A. 山梨醇处理试样，5% 聚甲基丙烯酸甲酯封护；B. 山梨醇处理试样，未封护；C.PEG2000 处理试样，5% 聚甲基丙烯酸甲酯封护；D.PEG2000 处理试样，未封护；E. 空白试样，5% 聚甲基丙烯酸甲酯封护；F. 空白试样，未封护

图四　不同工艺处理的古木材试样在30℃、75%RH条件下的稳定性

下对湿度的稳定性（在 30℃时，由饱和 NaCl 溶液控制的恒湿环境为 75.1±0.2%RH），以吸湿率即试样质量变化的百分数表示。试样在 30℃、75%RH 环境下的稳定性结果表明，不论是空白试样还是用定形加固剂（如山梨醇和 PEG2000）处理的试样在高湿环境下均有一定的吸湿作用；定形加固剂的亲水性越强，试样的亲水基团含量越多，吸湿性越明显，PEG2000 和山梨醇均是含有亲水基团并且山梨醇的羟基值比 PEG2000 的大，因此用 PEG2000 和山梨醇处理的试样的吸湿性明显高于空白试样，山梨醇处理试样的吸湿性高于 PEG2000 处理试样。当 PEG2000 和山梨醇处理试样经 5% 聚甲基丙烯酸甲酯封护处理后，可以降低试样在高湿环境下的吸湿性，因此可以通过对山梨醇进行改性，适当降低亲水性能，可以提高山梨醇处理试样在高湿环境下的稳定性。

三 结 论

综上，根据饱水古木材试样在用山梨醇定形加固前后的尺寸变化、定形加固剂在木材试样内的填充效率以及处理前后试样的外观色泽和质感等方面的分析讨论可以看出：

第一，山梨醇对严重降解的饱水古木材具有良好的定形保护作用。

第二，用山梨醇作为定形加固剂时，用较少的填充剂量即可以达到对严重降解的饱水古木材进行定形保护的效果。

第三，用山梨醇作为定形加固剂处理的饱水古木材试样外观色泽自然，质感柔和，没有蜡质感，木材天然纹理保存清晰。

第四，山梨醇处理的古木材试样在高湿环境下有一定的吸湿性，可以通过化学改性适当降低山梨醇分子的亲水性能，提高试样在高湿环境下的稳定性。

注释

[1] 浙江省文物考古研究所：《河姆渡——新石器时代遗址考古发掘报告》（上），文物出版社，2003 年。浙江省文物考古研究所、萧山博物馆：《浦阳江流域考古报告之一——跨湖桥》，文物出版社，2004 年。

[2] 陈进良、崔战华：《河南信阳长台关出土的饱水漆木器脱水定型研究报告》，《文物保护与考古科学》1994 年第 2 期。

[3] 卢衡：《河姆渡严重降解木构件的室外冷冻脱水》，《文物保护与考古科学》1992 年第 4 期。方北松等：《走马楼吴简十六醇法脱水研究》，《文物保护与科技考古》，三秦出版社，2006 年，第 173—181 页。Dragica Jeremic and Paul Cooper. PEG quantification and examination of molecular weight distribution in wood cell walls. *Wood Science Technology*, 2009(43), PP. 317-329. Martin Nordvig and Mortensen etc. Characterisation of the polyethylene glycol impregnation of the Swedish warship Vasa and one of the Danish Skuldelev Viking ships. *Journal of Archaeological Science*, 2007(34), PP.1211-1218. Dragica Jeremic and Carlos Quijano-Solis and Paul Cooper. Diffusion rate of polyethylene glycol into cell walls of red pine following vacuum impregnation. *Cellulose*, 2009(16), PP. 339-348. R.Giorgi and D.Chelazzi and P.Baglioni. Conservation of acid waterlogged shipwrecks: nanotechnologies for de-acidification. *Applied Physics A*,2006(83), PP. 567-571.

[4] Jens Glastrup, Yvonne Shashoua, Helge Egsgaard and Martin Nordvig Mortensen. degradation of PEG in the warship Vasa, *Macromol Symp*. 2006 (238), PP. 22-29. Jens Glastrup. Degradation of polyethylene glycol. A study of the reaction mechanism in a model molecule: Tetraethylene glycol. *Polymer Degradation and Stability*, 1996 (52), PP. 217-222.

[5] Dragica Jeremic, Carlos Quijano-Solis and Paul Cooper. Diffusion rate of polyethylene glycol into cell walls of red pine following vacuum impregnation, *Cellulose*, 2009(16), PP. 339-348.

[6] 李东风、卢衡、周旸：《抗菌剂壳寡糖、儿茶素和纳米氧化锌对冻干前处理古木微生物作用的研究》，《文物保护与考古科学》2010 年第 1 期。Malalanirina Sylvia Rakotonirainy etc. Effective biocide to prevent microbiological contamination during PEG impregnation of wet archaeological iron-wood artefacts. *Journal of Cultural Heritage*, 2007(8), PP. 160-169.

[7] 张金萍：《乳糖醇法对不同树种饱水木质文物尺寸稳定性的研究》，《文物保护与考古科技》，三秦出版社，2006 年，第 182—185 页。

博物馆科学技术创新实践的分析与思考

单霁翔（故宫博物院　100009）

【摘要】博物馆的科学研究是一个开放的复杂系统，新时期中国博物馆事业要有大的发展，就必须重视多种学科的渗透、融合，注意交叉学科的研究，进一步推动学术创新，提升博物馆的整体研究水平。

【关键词】博物馆　科技　创新　实践

中华文明历经五千多年的发展，创造了光辉灿烂的历史文化，留下了丰富多彩的文化遗产。这些弥足珍贵的文化遗产不仅是中华民族悠久历史的见证，也是人类文明的瑰宝。改革开放以来，中国博物馆的装备及设施越来越现代化，高科技手段在博物馆中的应用也越来越普遍。中国文化遗产保护科技事业硕果累累，日益成为引领行业发展的核心力量。同时，应该清醒地认识到，与国际博物馆先进科学技术水平相比，我国还有明显差距。一方面，战略研究相对滞后，较为完整的学科体系尚未建立。针对文物博物馆领域发展不断提出的新要求、新挑战、新战略，科学研究支持能力不足。针对文物保护的要素、类型、时间尺度、空间尺度、性质和形态等发生的深刻变化，原有的技术体系和方法体系难以适应文物保护和博物馆发展的需求，急需扩展与完善。同时，学科体系建设仍处于初期阶段，基础科学层次、技术科学层次和工程技术层次中包含的各分支学科的界定和相互关系尚需明确，制约了文物保护科学技术的发展。另一方面，技术供给总量不足，创新成果转移与扩散不力。科学决策的辅助手段匮乏，保护、管理、利用等方面的综合分析和宏观决策的科学技术支撑能力薄弱。实验室成果向现实生产力转化的中间环节缺失、手段单一、机制不健全，标准体系尚不完善、科学技术成果集成度不高、缺乏对科学技术成果示范的支持，众多科学技术成果难以直接转化为显性效益。文物保护科学技术投入的长效机制尚未建立，投入总量不足、区域性失衡和结构性失调问题突出，一些地区的科学技术基础条件依然十分落后，针对文物保护的科研标本、实验数据、科技文献等科学技术基础性投入亟须加强。

中国博物馆协会的国家一级博物馆运行评估报告表明，全国 83 家一级博物馆两年的定性一级指标得分率中，科学研究最低，得分率仅 43%。代表性研究成果平均得分率则更低，只有 27%，是所有评估项目中最低的得分率。即使就国家级博物馆来说，科学研究也仍然是具有瓶颈性质的制约性弱项。2008 年到 2009 年国家级博物馆在五个定性一级指标中藏品管理、陈列展览与社会教育、博物馆管理与发展建设得分率高于 80%，科学研究得分率则仅略高于 60%，其中尽管在学术活动方面得分率达到 85%，而代表性研究成果得分率相对较低，不高于 50%，是唯一不及格的三级指标。科学研究工作的淡化，势必造成藏品诠释和社会服务、能力建设的脱节，空有服务等热情，却缺乏服务的能力和针对性[1]。

目前，在中国博物馆事业发展领域，科学技术的总体能力不强，贡献率较低；科学技术工作中还存在许多瓶颈问题亟待解决，主要包括：由于中国的博物馆科学研究工作起步较晚，科学技术意识相对淡薄，重视不够；博物馆基础研究薄弱，科学技术资源布局不合理，博物馆科学技术人才队伍的发展，远远滞后于博物馆建设的速度和规模；学科交叉融合不够，新兴学科发展速度缓慢；科学技术投入不足，受“头痛医头、脚痛医脚”观念的影响，造成基础条件薄弱；应用技术科学研究成果匮乏，并且多数应用技术属于个性技术，缺乏共性技术的总结，成果推广应用体系不健全，尚未对馆藏文物保护提供强有力的全面支撑；科学技术体制机制还存在诸多弊端，博物馆科学技术分工合作的长效机制尚未建立，学科交叉融合不够。

新技术革命的来临，促使人们对文物保护科学技术重新审视与定位。科学和技术在文物保护领域的重要作用日益凸显，文物保护科学技术进入前所未有的活跃时期，从宏观到微观，从广度到深度，都有较快的发展。根据国家“提高自主创新能力，建设创新型国家”的战略部署，文物保护科学技术工作以体制机制创新为先导，以制度创新为保障，以跨学科、跨领域、跨行业、跨部门合作为纽带，以重大科学技术计划为载体，使文物保护科学技术成为国家创新体系的重要组成部分。

近年来，博物馆发展注重引进和合理运用现代科学技术，各项业务活动的科学技术含量不断增加，越来越多的新技术、新方法、新产品得以广泛应用，有效提升了藏品保护、文物修复、陈列展览、安全保障、社会服务和运营管理的整体水平。例如，现代科学技术的引进和应用，拓展了文物保护科学研究内容，元素成分分析技术，碳十四、热释光等测年技术，电阻率法、电磁法和卫星定位等现代勘测技术，为文物本体保护、考古勘探调查等研究提供了新的理论和方法，科学技术手段更加先进，科学技术含量显著提升。

同时，科学技术的发展极大地拓展了博物馆领域。一批近年来新建的博物馆设施先进，管理科学，功能完善，成果丰硕，备受社会关注。北京故宫博物院、敦煌研究院、上海博物馆、南京博物院、湖北省博物馆等研究机构分别成立了一批区域性、专题性的科技中心，有效地发挥着科学技术支撑和辐射、带动作用，科学技术成果在文物保护中的推广与应用，有效遏制了文物腐蚀损毁的速度。通过几年的实践，人们欣喜地看到，博物馆行业的创新能力和承担重大项目的能力得到了很大提高。同时，博物馆技术与相关产品博览会的成功举办，为博物馆、科学研究单位和企业间搭建起信息交流平台。

多年来，秦始皇陵兵马俑博物馆在陶质彩绘文物保护、修复、土遗址加固、遗迹防霉、小气候环境研究等方面做了大量探索性工作，并取得了开创性的研究成果。通过对遗址本体进行必要的防护加固，对已发掘或试掘且不进行揭露展示的遗址实施回填保护，清除深根植物，种植适宜改善园区生态环境的植物，防止水土流失，完善排水系统，防止遗址受雨水侵蚀等。同时，开展多项文物保护方面的国际技术性合作，大幅提升了文物保护技术力量，培养了一批高素质的文物保护修复专业人才。

宁波保国寺大殿是长江以南现存最古老、保存最完好的木结构建筑之一，是中国传统建筑文化和营造法式的重要实例。2006 年 12 月，宁波市确定将保国寺文物保护所升格为古建筑博物馆，将科学技术保护理念作为保国寺古建筑博物馆的发展定位。经过几年的实践，保国寺的延续保护利用完成从“修”到“养”、从“治”到“防”、从“抗灾损”到“控灾损”的理论转换，进而启动了防病于未然的千年大殿保护系统工程。同时，综合考虑宁波的气候环境特点，在对大殿的“健康状况”做出准确评估预测之后，采取最有效的保护利用措施，为以后维修制定相关技术标准，提供丰富的实践经验和理论依据，为文物建筑的“延年益寿”保驾护航[2]。

敦煌莫高窟的监测经历了一个从无到有、从简单到复杂、从直觉判断到使用仪器、从被动到主动的过程。监测的内容包括对敦煌莫高窟环境监测、洞窟文物本体监测、莫高窟安全防范监测、游客调查与监测等内容。科学的监测结果为莫高窟的保护、管理起到了积极的推进作用。近年来，莫高窟观众数量增长呈加速态势，观众参观呈一年中季节性强、一天中时段性强的特点，莫高窟面临着保护和利用的双重压力。为此，莫高窟开展了观众承载量的研究，准确、及时地掌握观众的变化以及观众组成的动态信息，为制定合理的观众管理措施提供可靠依据。同时，通过利用不同时期的卫星图片进行比对，监测莫高窟保护范围内植被、人为建设活动的变化，以求为保护莫高窟生态提供依据，控制人为建设活动[3]。

自2001年起，多学科联合攻关的“中华文明探源工程”开始启动，以充分揭示早期中华文明的丰富内涵，回答中华文明形成的时间、地域、过程、原因和机制等基本问题，并探讨中华文明与周边地区文明进程的互动关系，通过与世界其他古代文明的比较研究，总结早期中华文明的特点及其在人类文明发展史上的地位。中华文明探源工程及相关文物保护关键技术研究，针对中华文明起源与早期发展这一重大科学问题，在系统总结已有研究成果的基础上，重点揭示长江、黄河、辽河流域的文明形成及早期发展的背景、环境、特征和历史脉络，研究中华文明的形成机制和早期发展特征，总结中华文明在人类文明发展史上的地位，丰富人类文明起源理论。同时，开展中华文明探源工程相关现代实验技术和方法的应用研究；开展空间技术、物探技术、数字化测绘技术在考古研究中的应用；研究建立考古探测技术可控试验场；开展基于文物出土现场移动实验室的出土文物应急保护技术体系研究。当前，考古资料的实验室分析研究得到迅猛发展，并逐渐形成一种多学科密切合作的研究模式。利用碳十四、热释光、铀系和电子自旋共振等测年技术初步建立起中国旧、新石器时代的绝对年代框架；在体质人类学、分子生物学、环境考古、动植物考古，对玉石、陶瓷和金属器等进行化学分析和微观组织分析等方面取得重要进展。依托国家科技支撑计划项目“中华文明探源工程”等，中国的加速器质谱碳十四测年技术水平得到了提高。

2006年，国家文物局在各有关部门的支持和协助下，组织开展“指南针计划——中国古代发明创造的价值挖掘与展示”重大科学研究项目。“指南针计划”以实证中国古代重大发明创造的文物为研究对象，利用现代科学技术，组织跨学科、跨领域、跨部门、跨行业的力量，制订中国古代发明创造的价值挖掘与展示工作总体规划，重点围绕农业、水利、矿冶、轻工、纺织、食品、营造、人居环境、交通、机械仪器、军事技术、医药技术、文化传播、材料与加工制造技术、仪器与工程器械等领域，开展系列文化遗产专项调查，系统地掌握具有重大意义的中国古代发明创造的基本概况。

通过“指南针计划”项目的实施，科学揭示中华民族自古以来非凡的生命力和创造力，探明中国古代发明创造的起源与发展脉络，以及产生、传播、衰落的内在规律，研究其与当今实施的科学技术创新战略的关系，全面提升祖国珍贵文化遗产的科学技术价值，促进文化遗产保护领域科学研究和展示水平的整体提高。“指南针计划”是一项时间跨度长，涉及范围广，工作任务重，涉及文化遗产、科学技术、国民教育等诸多方面的国家重大科学研究项目，是以促进国家自主创新和文化遗产保护为目的，重点突破带动整体全面提高的战略性、引导性项目。“指南针计划”在研究制定标准规范的基础上，逐步建立“指南针计划”基础数据库，确定命名首批《中国古代发明与创造国家级名录》。

同时，通过“指南针计划”成果，实现文物藏品价值的深入挖掘，对于提升博物馆的展示水平，丰富陈列展览的内容与形式，实现学术性、知识性、趣味性、观赏性相统一。2008 年北京奥运会期间，国家文物局主办了“奇迹天工——中国古代发明创造文物展”。并且通过举办专题陈列展览，开设门户网站，编撰出版《走进中国古代发明与创造》科普系列丛书，“指南针计划”进校园等多种形式，推动了最新研究成果的快速传播与扩散，从而在全社会形成崇尚科学、自觉弘扬民族文化的意识，增强民族自信心和凝聚力，激发民族创新能力。

近年来，以“加强原始创新、集成创新和引进消化吸收再创新”为主旋律，坚持“不求所有，但求所用”的原则，积极吸收行业内外优势科研资源，开展跨学科、跨领域、跨部门、跨行业的合作，根据文物博物馆事业发展中的重大需求，确定工作目标和重点任务，集中有限资源，在文物博物馆事业发展的瓶颈问题和关键领域取得重大突破，共同攻克影响文物保护和博物馆事业健康发展的关键技术问题，取得一系列重要成果。文化遗产保护领域国家科技支撑计划课题的完成，不但使一大批新技术、新产品、新装置得以研发并实现成果转化，而且培养出一大批专业技术人才，为文物博物馆事业提供了强有力的科技支撑。

通过“文物保护风险预控技术体系研究与示范”项目的实施，研发馆藏文物微环境高效调控技术及博物馆环境监测系统解决方案，初步建立博物馆环境质量评估、监测和调控技术支撑体系。应用空间信息技术、图像分析技术、环境监测技术、物联网技术、海量数据存储与分析技术等，建立基础地理数据库、环境监测数据库、文物状态数据库、图像存储信息库、安全防范数据库等，形成文物预防性保护及辅助决策的技术支撑体系、标准规范体系和信息管理系统平台。

通过“文物保护传统工艺科学化研究”项目的实施，围绕青铜器、陶瓷器、纺织品、漆器修复及书画装裱等传统工艺，揭示材料组成与性能、专用装备与工具、工艺流程与技法的科学原理；改良传统文物保护修复材料、工具和工艺，满足当代文物藏品修复需求，建立现代科学技术与传统工艺结合的博物馆藏品保护方法，提高保护的安全性、可靠性和科学性。

通过“文物保护修复专用装备研发”项目的实施，针对馆藏文物保护修复专用装备缺乏、适用性差、集成度低等问题，重点开展智能探测设备、快速检测分析仪器设备、脆弱文物应急保护、提取及保存装置的研发，开展馆藏文物专用清洗和加固装置、专用修复设备与成套工具、保存环境监测与调控装置等研发，初步构建博物馆藏品保护修复技术装备体系。

现代科学技术的发展，为文化遗产的保护管理提供了高效快捷的技术手段。随着空间信息技术、地球物理勘探技术、年代测定、分析检测等高新技术的引入，文物古迹考古信息的收集、记录和管理更为科学、规范和便捷。例如“马王堆古尸保护模式的建立与运用”项目，提出古尸类文物整体—细胞—分子水平三级保存的理念，研发成功“稳态分子调控技术”，采用现代技术维持古尸保存大环境、局部环境和微环境的相对稳定。“云冈石窟凝结水监测研究”项目，通过中国第一台岩面凝结水测量仪研制成功，准确测量云冈石窟洞窟内部岩壁上的凝结水量，建立洞窟环境监测系统。“东周纺织织造技术挖掘与展示——以出土纺织品为例”项目，进行东周时期纺织物材质、织造技术及各种类型织机的复原研究，形成一套完整的工作思路和研究方法，揭示自然科学技术在文物价值挖掘方面的巨大空间。

近年来，中国文物博物馆科学技术体制机制不断创新，人才队伍持续壮大，创新激励成效显著，完成了众多具有影响的科学研究，一批高新技术和科研成果在具体实践中得到广泛应用。目前，文物保护科学技术的研究和应用，已经成为有效保护文物的重要前提和保障。例如，出土于湖北荆州谢家桥的西汉荒帷是高等级的绢地乘云绣制品，保护和修复工作难度大，文物保护科技人员采用现代生物加固技术和传统针线修复法使之得以完好保存，体现了现代高科技与传统修复工艺的完美结合。四川省文物考古研究院科技人员采用竹木漆器脱水加固的新技术，成功脱水保护了出土于汉代墓葬的饱水木器250余件、饱水漆器残件200余件和大型漆木马74件，使之完好如初。

近年来，水下考古工作迅猛发展，旁测声纳、浅地层剖面仪、水下无线通话设备、实时差分定位系统等技术装备的应用已很普遍，而多波束声纳、超短基线定位系统和水下机器人等高技术装备也开始投入使用。在发现大量珍贵水下文物的同时，出水文物的脱水、脱盐及防腐等问题成为急需解决的技术难题。文物保护科技人员从研究影响水下古陶瓷器保存状态的水文地质、海洋地理、海洋附着生物等因素出发，经过对出水陶瓷器的制作材料及海洋沉积物等的分析测试研究，探索出静态去离子水浸泡、超声波加速、流动水冲洗等遭受海水可溶盐侵蚀陶瓷器的脱盐方法，并得以初步应用。

实现博物馆科学技术的提升，需要通过博物馆建设工艺设计、陈列展览新技术应用、数字博物馆建设、数据库平台建设，整体提升博物馆的科学化水平。以全面提升博物馆陈列展览文化与艺术表现能力为目标，研究适合于博物馆陈列展览需要的现代技术、虚拟现实、人机交互、知识工程和新媒体技术等现代技术应用体系理论和方法，开展博物馆陈列展览适宜技术支撑体系研究与示范；运用人工智能和知识库技术，整合、制作加工博物馆数据资源，构建博物馆馆际交流网络平台与统一规范的博物馆信息管理平台。

针对文物保护材料应用和评价方面基础薄弱的状况，依据材料特性和应用功能，开展保护材料分类方法和分类体系研究；重点针对金属文物、纸质文物、纺织品、漆木器、石质文物和土遗址，采用材料科学、现代分析测试和模拟试验技术，开展保护材料主要评价指标研究，开展保护材料应用的理化特征、力学行为、作用机制和后效评价方法研究；制定保护材料应用效果的评价标准和规范；建立文物保护修复材料应用数据库，构建文物保护材料应用效果评价体系，提高文物保护修复材料应用的有效性和安全性。

博物馆藏品保护的重点应从以修复为主，转向以环境控制为主的日常维护，变被动的抢救式保护为以预防为主的主动防护。应立足博物馆实际和潜在需求，针对当前博物馆文物藏品保存环境质量普遍较差等问题，从环境监测与评价技术、净化与控制技术等方面，开展综合研究，建立基于洁净概念的文物保存微环境评估体系的理念和内容框架，为文物藏品微环境提供稳定、洁净的环境条件，提升馆藏文物预防性保护能力。通过揭示传统技术与工艺的科学内涵，实现技术与工艺的不断优化与提升，从以往的口传身授到科学定性、定量，实现将文物修复工匠的传统经验上升为科学理论，进而全面推动现代科学技术和传统工艺的有机结合。

博物馆文物保护是指针对馆藏文物价值的调查、研究、评估、认定、记录、展示、利用和传承，对文物本体的保存、维护和修复，以及对相关环境的控制与整治等。有关研究表明，未来5—10年，将是文物保护科学技术发展的关键时期，主要表现出以下趋势：一是被动地“抢救性保护”正在向主动地“系统性保护”转变；二是自然科学与人文社会科学不断融合，使建立文物保护科学的理论体系成为可能；三是基础学科与应用学科、技术科学与工程技术、自然科学与人文社会科学之间相互渗透不断深入；四是现代分析技术和科学研究装备不断进步，文物保护的安全性和可靠性不断加强；五是新材料、生物技术、空间技术、信息技术等高新技术的广泛应用，极大地丰富文物保护的方法与手段；六是文物材质劣化机理与防治等方面的定向基础研究不断深入，引发文物保护技术的重大突破；七是现代科学技术的全面介入，实现传统工艺技术的继承、扬弃与创新；八是战略科学家、复合型科学技术人才、工程技术人才和科学技术管理人才成为可持续发展的核心资源；九是多元化多维度的合作网络的形成和完善，将成为文物保护科学技术全面提高的有效途经。

伴随博物馆领域科学技术创新理念的形成，新时期发展目标得以凝练。一是重点突破博物馆藏品保护修复关键技术瓶颈，健全馆藏文物保护修复技术标准，大幅提高可移动文物保护修复的科学化水平。二是显著提高博物馆藏品风险预控能力，建立风险评估指标体系，初步建立基于风险管理理论的馆藏文物监测和辅助决策技术体系。三是在馆藏文物分析研究以及保护修复装备方面取得重要突破，初步建立与博物馆保护技术相配套的专业化装备体系。四是在提升博物馆陈列展览文化与艺术表现能力的适宜技术方面取得进展，在数字博物馆建设的关键技术和标准方面取得重要突破。五是显著提升博物馆基础研究能力与水平，初步构建馆藏文物保护科学技术基础数据库。六是加强和完善科学技术制度体系建设，形成布局合理、功能齐全、装备先进、运转高效的博物馆科学研究组织体系。

博物馆的数字化建设多肇始于藏品管理信息系统，之后扩展到文物影像管理信息系统、文档资料管理信息系统、多媒体展示系统、票务管理系统、办公管理系统、资产管理系统、网站资源管理系统等，基本可以划归为文物信息资源管理平台、内部事务管理平台和展览展示管理平台三个方面。随着各级政府对博物馆建设投入的明显增加，以及计算机、网络及影像技术的迅速提高，博物馆为提高知识传播效果，数字展示传播技术的应用越来越广泛，数字展示已在各地博物馆中得到不同程度的应用，增强了陈列展览的知识性、趣味性、观赏性。开展博物馆数字化建设，建立以藏品为核心的数字化管理体系，逐步发展并升华为数字博物馆，是博物馆未来建设与发展的重要方向。

同时，还有博物馆馆舍信息化处理工作，这项工作的资源是舒适性控制设备，例如中央空调系统、电梯系统、照明系统、给排水系统等；安全性控制设备，例如安全监控系统、消防控制系统等，以及通信控制系统。博物馆数字化可以为博物馆专家或专业人员提供有关学术成果、专题资料的共建共享交流平台。同时将博物馆的信息管理系统与互联网络连接，让国内外学者通过互联网络查询相关资料，既可加强与国际间的学术研究与交流，还可以提高博物馆在国际上的地位和知名度[4]。同时，博物馆人才教育培训项目也可以充分运用互联网和现代远程教育等手段。

科学技术工作的一项重要任务，就是减少和矫正科学技术手段滥用所造成的消极后果。针对中国馆藏文物劣化机理研究薄弱，制约保护技术进步的现状，重点开展馆藏金属文物、纸质文物、纺织品和竹木漆器的材质劣化影响因素、腐蚀过程、腐蚀产物研究，科学揭示文物劣化过程的物理和化学原理，为文物保护修复提供理论依据。

为此，需要及时开展可移动文物保护修复关键技术提升计划，例如开展可移动文物无损或微损分析技术和应用规范研究；开展金属文物深层有害锈转化关键技术研究；开展脆弱陶质文物快速脱盐及加固材料与工艺研究；开展生物技术清洗、加固和显微修复关键技术及材料研究；开展木质纤维微结构修复、整器加固定型和漆层回贴加固关键技术和工艺研究；开展生物技术修复和加固关键技术研究；开展油画的空鼓、开裂、变色等保护修复的关键技术研究；开展近现代文物病害专题调研和保护修复技术适用性研究。同时，在已有关键技术成果的基础上，开展保护修复技术规范化研究，实施科技示范工程。

当代博物馆藏品管理的工作对象不再局限于实物保管，已扩展到文物藏品信息和涉及文物藏品保护与利用的各项工作。今天，博物馆应该通过现代信息技术的应用，改变博物馆藏品的展示方式，使文物藏品可以在虚拟空间中供人观览。例如，通过现代信息技术，提高人与人之间的沟通效率及人对信息的处理效率，从而使博物馆的管理水平有明显提升；通过自动化温度湿度控制技术的应用，改善博物馆藏品贮藏条件；通过高科技消防及防盗系统的应用，提高博物馆藏品的安全保障；通过多语种自动讲解系统的应用，使博物馆对国内外游客的服务能力有明显提高；通过先进影像技术的应用，使博物馆藏品的建档及推广工作更加方便。

博物馆藏品管理工作还通过向需求者提供其所需要的相关信息，减少对实物的直接使用，更有效地保护文物藏品安全。应进一步整合社会资源，在博物馆之间应用多种方式，并借助高等院校和科研单位的力量，开展博物馆藏品的深度研究，鼓励出版文物藏品研究成果，实现成果共享。博物馆不仅要出版具有一定研究水平的论文和专著，还要出版展览图录和分门别类的文物藏品图录，特别要鼓励出版科普读物。另外，要利用博物馆的网站平台，公布文物藏品图片、学术研究成果和科学普及信息。同时，博物馆逐步采用现代化的科学技术，实现博物馆藏品信息资料数字化，博物馆的文物藏品得到更快捷、更广泛的传播和利用，最大限度地为公众服务。

博物馆科学研究是博物馆所有工作的灵魂，要加强博物馆科学研究，提高博物馆对发展资源的认识水平和整合能力，使博物馆的运行目标切实建立在对博物馆工作规律、结构功能、内部与外部条件的综合分析与把握上，使运行目标的实现建立在科学的工作方法上。因此，既要加强博物馆文物藏品的研究、博物馆文物藏品保护和修复的研究，还应加强与博物馆发展直接相关的问题研究，例如博物馆教育、博物馆展览及信息传播，以及博物馆学的研究等，产生具有创新性和影响力的科学研究成果，提高科学研究成果的应用价值。

近年来博物馆科学研究的成果表明，无论在博物馆的研究对象、研究方法方面，还是在博物馆学科的综合性、交叉性特征要素的呈现方面，均取得了可喜变化。今后要继续推进建立具有中国特色的博物馆理论与管理、运行方法体系，既能促进博物馆整体的健康发展，又能指导每一座博物馆的科学运行。博物馆不仅为国家保藏宝贵的科学文化财富和通过举办陈列展览等活动，向社会公众传播科学文化知识，进行社会教育与服务，同时还承担着科学研究的任务，既包括博物馆本身的科学研究，也包括为其他自然科学和社会科学的研究工作提供以实物为主的资料、信息和咨询，后者也是博物馆科学研究的重要目的。

今天博物馆的科学研究是一个开放的复杂系统，是人文社会科学、自然科学、技术科学、工程技术和软科学等一切与文物保护相关的科学和技术相互渗透融合的交叉学科，其主体不仅是博物馆从业人员和高等院校博物馆学专业师生，而且涉及众多相关学科的研究人员。新时期中国博物馆事业要有大的发展，就必须要有面向未来的前瞻性学术眼光，更加重视学科的渗透、融合，注意交叉学科的研究，在博物馆构建起跨学科、跨领域、跨部门、跨行业的科学研究平台，更大范围促进各学科之间的融合和交叉学科的发展，进一步推动学术创新，提升博物馆的整体研究水平。博物馆的物质研究资源是社会的财富，不但应该做到博物馆领域共享，而且应该创造条件实现社会共享。

注释

[1] 中国博物馆协会:《国家一级博物馆运行评估报告》,《中国文物报》2011年6月22日第3版。

[2] 余如龙:《探索文保所转型博物馆的成功之路》,《中国文物报》2010年10月20日第7版。

[3] 樊锦诗:《基于世界文化遗产价值的世界文化遗产地的管理与检测——以敦煌莫高窟为例》,《世界遗产保护》杭州论坛暨2008国际古迹遗址理事会亚太地区会议。

[4] 张小朋:《博物馆信息化标准框架体系概论》,《东南文化》2010年第4期。

文物的微观世界
——浅谈文物微距摄影

郑旭明（浙江省博物馆　310007）

【摘要】文物的微距拍摄既是展示内容的需要，也是文物在存世条件下保护的重要手段。本文结合工作实际，就微距摄影的设备等作简要论述。

【关键词】文物　微距摄影

我们在观赏文物画册时，经常可以见到在一幅主图旁边附有一幅小的特写图片，以表现一件文物的重要部分与需要表达的重要信息，也就是一件文物的微观信息。在文物摄影中，通过微距摄影手段，把文物细小的、目视不清的纹饰、部件、质地、痕迹乃至色彩的微妙之处表现出来，是文物摄影不同于一般静物摄影的重要方面。

“微距”是指在较近距离以大倍率进行的拍摄，人眼对近于15厘米的物体目视就不清楚了，而专业微距镜头的光学校正以近摄的需要进行设计，美国《当代摄影词典》对微距摄影的定义是：“通过相机拍摄1:1或者更大影像的摄影。”这里所说的比率是指胶片或者CCD影像大小与实物之间的比率关系，35毫米相机标准镜头最大拍摄比率为1:10。事实上在摄影界公认的定义是：拍摄1:1—1:4影像比的属于微距摄影，而达到10:1—200:1则属于显微摄影。

一　文物微距影像的意义

文物摄影是文物工作不可缺失的一个环节，而文物的微距摄影更是文物工作极其重要的辅助手段。在展陈和出版物中，展示给受众的可以是几个面，但无法表现一件文物所需要表现的所有重要信息点，如器物的底款、质地、纹饰的细部以及制作的痕迹等，而这些特征对文物的断代、工艺、艺术水准的判定起着举足轻重的作用。在高度信息化的今天，人们越来越重视细节，越来越注重微观，许许多多重大的发现也正来自于细节。

文物的微距拍摄既是展示内容的需要，也是文物在存世条件下保护的重要手段，许多文物在出土时或者在流转过程中会有损伤，修复是文物保护的必要手段，而文物的修复必须要留有依据，同样，一些损伤在现有条件下难以得到符合要求的修复，都需要通过微距拍摄留下详尽准确的微距影像，以便对损伤文物可能的进一步损伤进行监测，也为日后条件成熟时的修复、复原提供原始依据。

二　微距摄影的装备

微距摄影又称近距摄影，微距摄影的目的是力求将主体的细节表现出来，把细微的部分呈现在眼前。微距摄影需要使用专门的摄影器材，首先对相机有一定的限制。只有单反相机，包括35毫米和120中画幅相机，以及大画幅相机才适合于微距摄影。因为这一类相机在取景器中取景没有视差，可以在取景器中看到全部的被摄景物。旁轴取景相机在近距离拍摄时，则有较大的视差，在取景器中不能观察到所拍摄的全部景物，所以就不适于微距摄影。其次，常规摄影镜头最短的拍摄距离，往往不能满足微距摄影的要求。因为一般微距摄影的拍摄距离都是在几十厘米以内，甚至可以近到几厘米。由此，我们明白所谓微距拍摄的关键是镜头的特性。在文物摄影领域，国内许多国家级、省级文物单位，特别是一些新建的文物收藏单位在器材配置上不惜重金，装备了世界顶级的摄影器材，但这类器材因为本身非常优异的性能，如大画幅相机皮腔的延展性等，取得微距效果并不困难，虽然也有专为大画幅相机设计制作的微距镜头，如日本富士公司、德国施耐德公司、德国罗敦斯德公司以及瑞士著名的仙娜公司都有专业微距镜头，但在实际工作中更多使用的还是35毫米和120单反相机。

（一）微距镜头

微距镜头是数码单反相机获得优良成像质量的保证。微距镜头的特点是：在结构上其光学系统是以“近摄”为前提，经过专门设计，影像反差比较大，分辨率比较高。这类镜头拍摄像物比为1:1的照片时，即使采用最大光圈，整体画面的边缘和中心仍具有良好的清晰度，所以微距镜头是最为理想的微距摄影器材。但对于非平面的对象，其清晰范围度小即景深小，所以拍摄时，即使用小光圈拍摄也难以得到大景深，焦点前后的景物清晰度差，但扬长避短，把握、张扬好这个特点会更加有利于突出主体，虚化、淡化背景。

各个厂家生产的35毫米相机的微距镜头焦距从20—400毫米，非常齐全，一般最常用的有三种规格：50毫米（含55毫米、60毫米）、100毫米（含90毫米、105毫米）、180毫米（含200毫米），放大倍率都能达到1:1。微距镜头的焦距越长，最近拍摄距离也就越远。因此长焦距微距镜头更适合于拍摄昆虫及其他不易接近的物体。

（二）近摄接圈或皮腔

近摄皮腔是用卡纸或漆布制成的不透光手风琴式的管状腔体。皮腔的一端为连接相机机身的支架，另一端则是连接摄影镜头的支架，腔体随支架装在导轨上，导轨的下面有三脚架接孔。聚焦时既可沿导轨移动前支架（镜头），也可移动后支架（机身），它通过延长镜头至焦平面的距离达到近摄的目的。

近摄皮腔在最小伸展长度时，无法拍摄到30厘米以外物体的清晰影像，但是在微距摄影领域中，皮腔则是非常灵活的。利用它可以拍摄到比1:1更大的像物比例。由于近摄皮腔的体积比较大，所以需要装在三脚架上使用，携带也颇为不便。

近摄接圈是内部为黑色的筒状近摄附件，多由金属制成。使用时像安装增距镜一样附加在机身与镜头之间，近摄原理与皮腔完全相同。通常35毫米相机经常使用的接圈分为7毫米（1号）、14毫米（2号）和25毫米（3号）三种，它们可以单独使用或组合使用，并能够组成七种不同长度，如：三只接圈组合，用于50毫米标准镜头上的像物比例为1:1。但镜头的对焦范围将随着接圈的增加而受到限制，所以在接圈组合拍摄时，需要移动照相机或被摄体的前后距离配合对焦，所摄效果与近摄皮腔基本相同。近摄接圈的优点是体积小、重量轻，易于携带；有些自动接圈可与相机的光圈联动；另外，接圈的结构极为简单，一般不易损坏。与近摄皮腔相比，近摄接圈虽然便宜得多，但调整的灵活性不及皮腔。另外使用中需要注意的是两者为方便调焦光圈一般应全开，待焦点调好后不要忘记按照需要锁定光圈进行测光、曝光。

近摄皮腔与近摄接圈的共同缺点是：景深太小，对焦过程较为费力；镜头的通光量将受到影响。

（三）近摄镜片

近摄镜是一种类似于滤光镜的近摄附件，用其单独观察景物便如同一只放大镜，它的正面凸起，用于影像放大，而背面却微微凹进，以便一定程度地减少像场弯曲。如果在标准镜头前附加一枚近摄镜，其焦距就会立刻发生变化。通常近摄镜按屈光度标定，如：1、+2、+3等。屈光度越大，放大倍率也就越高，焦距也就越短。近摄镜结构简单、价格便宜，在操作时，可不作曝光补偿调整，并能够单独使用和组合使用，非常便利。另外，近摄镜除了适用于单镜头反光相机外，还可用于旁轴取景相机和双镜头反光相机。但是由于分离取景器的相机在近距离拍摄时会出现明显视差，所以使用时需要配合近摄取景附件，以便调整相对应的拍摄角度。

近摄镜的不足之处是：像差虽然得到一定程度的控制，但并不能完全消除；在使用时会轻微地影响到照片的清晰度；对焦工作将受到限制。附加近摄镜后需要移动相机与被摄物体联动聚焦。

（四）增距镜

在最近拍摄距离保持不变的情况下，在照相机与镜头之间增加一只增距镜，可以改变镜头的焦距。一只2倍的增距镜可以将影像放大2倍，3倍的增距镜可以将影像放大3倍，依此类推。增距镜可以在同一

图一 经函

图二 经函下部的人物堆塑

图三 彩瓷

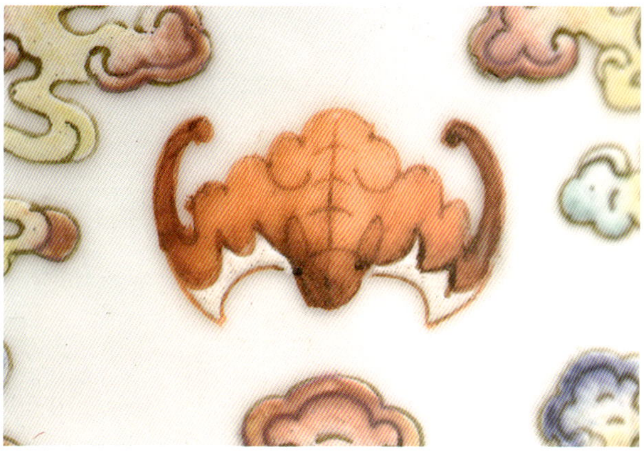

图四 彩瓷纹饰局部

镜头卡口的条件下连接所有焦距的镜头，包括微距镜头。例如，50 毫米微距镜头加上一只 2 倍的增距镜后，等于一只 100 毫米的焦距微距镜头，可以拍摄到像物比为 2:1 的微距照片。部分增距镜可为 AF 大孔径镜头提供自动对焦联动功能，如佳能 EF1.4×、E2× 增距镜，尼康 1.4×、2× 增距镜等。另外，加装增距镜对镜头的通光量虽然有所影响，但对于有 TTL 内测光的照相机来说，无须再考虑补偿曝光。为了达到良好的影像质量，一般会缩小光圈曝光，所以影响最大的是相机的快门曝光速度。

增距镜的优点是：重量和体积均比相同焦距段的定焦镜头轻巧；价格比同焦距镜头便宜；多数原厂增距镜可以与光圈联动；不影响镜头的正常对焦。缺点是：使用后的像质不如原镜头；对镜头的通光量产生影响。

（五）变焦镜头上的微距档位

很多变焦镜头上设有专门的微距档位，比如适马等镜头厂商的 24—70 毫米、70—200 毫米、75—300 毫米等变焦镜头都有专门的最大放大倍率为 1:4—1:2 的微距档位。但是由于设计的不同，微距档位可以分别在长焦和广角端来实现，各有优缺点，在广角端实现微距容易产生球面像差，所以拍摄时应该尽量使用小光圈；在长焦端实现微距容易产生像场弯曲，所以拍摄立体的物体比较合适，但翻拍效果就不太好。

微距摄影中获得优良的成像质量，微距镜头是唯一的选择。微距镜头是专门为微距摄影而生的，在设计微距镜头的光学镜组时，是和常规镜头有所不同的。常规镜头的拍摄距离都是按几十倍以上的焦距来考虑的。而微距镜头的拍摄距离则要近得多，最近拍摄距离仅有几倍焦距的距离。更重要的是，还要校正近距离拍摄时的各种像差。尤其是球面像差和畸变，都要经过严格的校正，以保证拍摄平面物体能够真实地还原其原貌。微距镜头的焦距越长，最近拍摄距离也就越远。因此，长焦距微距镜头更适合于拍摄昆虫和其他不易接近的物体。微距镜头除了用于微距摄影外，都可以当作成像优良的常规镜头来使用。此外，佳能和美能达公司各有一款高放大倍率的微距专用镜头，这两种专用镜头只能用于微距摄影，放大倍率超过 1:1，胶片或 CCD 的成像将大于原物。佳能 MP-E65mm F2.8 1—5X Macro Photo，该镜头的放大倍率可达 5:1；而美

图五 绘画

图六 绘画上的钤印

图七 瓷器上的款识

图八 良渚玉器

图九 良渚玉器上的兽面纹

能达 AF Macro Zoom 3X—1X F1.7—2.8，该镜头最大放大倍率达到 3:1。120 单反相机也有相应的微距镜头，如哈苏的配套镜头中，Zeiss Makro—Planna CF120 和 Zeiss Makro—Planna CF135 就是两款微距镜头，后者加上近摄皮腔可以达到 1:1 的放大倍率。

三 文物的微距拍摄

文物是历史、科学以及艺术的综合载体，文物摄影就是把这些信息完整准确地表现出来。如果说准确表现是文物摄影的基本要求，是常态化的目的，那么有时候完整表现一件文物应当表现的信息也是一件困难的事情。多数情况下，一张标准的文物影像图片不外乎器型、质地、色彩、口沿、底足等，但文物的内涵远远不止这些。因此，为了表现、凸显、强调一张图片容纳不下的信息，我们就需要通过特写，微距的拍摄方法，把重要的、容易被忽略的、或者目视不清的信息表现出来。

一张完整、合格的文物影像给人以整体形象，器型、色彩、纹饰清晰明了，比如这件经函（图一）。经函下部的人物堆塑，在微距镜头下，形态、五官、衣饰乃至自然裂纹得到清楚表现（图二）。一些文物因为体量较大，在拍摄成影像的时候，实际是缩小了的，如果是印制画册，受开本的限制，无法将文物的体量原貌呈现在受众面前，我们看到的只能是缩小了几倍、十几倍乃至几十倍的文物影像，通过微距拍摄，把一件文物缩小了的重要的信息点记录成局部影像，实际是把原物局部放大，便于清楚地表现目视条件下看不到的信息（图三、图四）。

文物留给我们的信息往往是多方面的，在展陈、出版、研究工作中，一幅文物全景影像很难全方位展示所有的信息，如书画的题跋钤印、瓷器的款识和暗纹、玉器的纹饰等（图五—图九）。文物微距影像的获取，往往采用小型单灯硬质光源，在数码影像日趋成熟的今天，现场校正色彩平衡已经变得非常容易，因此光源的选择可以很丰富，以合乎微距影像的塑造，尽可能减少无关光线对微距影像的干扰为主要选择条件。由于每件文物的质地形状以及拍摄部位的不同，用光的方向角度也不一样，但微距镜头中的影像虽小，用光也需要合情合理，人物面部有过渡，花卉图案分上下，一些透光质地文物如玉石、瓷器釉质的微距拍摄更需要把握光线的穿透特性，以表现文物的纹理乃至组织结构。

微距摄影作为摄影的一个门类为我们展现着微观世界的美妙精彩，文物的微距摄影，更是极大地拓展了我们的历史、审美眼界，传递出远古文明的丰富信息，它跨越了纯粹的摄影美学，赋予了更加严谨的科学意义。文物微距摄影所展示的文物微观世界，在展览陈列、信息传播、科学断代以及文物保护方面将得到更多地运用。

图书在版编目（CIP）数据

东方博物．第49辑 / 浙江省博物馆编．-- 杭州：浙江大学出版社，2013.12
ISBN 978-7-308-12687-8

Ⅰ．①东… Ⅱ．①浙… Ⅲ．①文物—考古—中国—文集 Ⅳ．①K870.4-53

中国版本图书馆CIP数据核字（2013）第303378号

东方博物 第四十九辑
浙江省博物馆 编

责任编辑 朱 玲
美术编辑 于红杰
英文翻译 潘 艳
设计总监 王屹峰
出版发行 浙江大学出版社
（杭州市天目山路148号 邮政编码：310007）
（网址：http://www.zjupress.com）
印　　刷 杭州富春电子印务有限公司
开　　本 889mm×1194mm 1/16
印　　张 8
字　　数 223千
版 印 次 2013年12月第1版 2013年12月第1次印刷
印　　数 0001—2500
书　　号 ISBN 978-7-308-12687-8
定　　价 30.00元